敬 之 書 話

生活的弔詭

向敬之 著

自序

　　還是在不到十歲的時候，我開始迷上了外公的古典小說，諸如《三國演義》、《封神演義》之類。當時，媽媽總是嗔怪，嘮嘮叨叨，罵罵咧咧，說我自己的書不讀，專愛看一些老書。

　　媽媽替我擔心，因為我對這些書，近似癡迷，甚至在生活中，也常把書中樂事、古話，大肆地帶了進來。有老師反映，我上課都會偷偷地看上幾眼。也因此，沒少挨過媽媽威嚴的懲罰。

　　由於爸爸是教師的緣故，我們家就安在學校旁邊。每天放學回家，我只要看到爸爸沒有到家，索性跑到兩里之外的外公家裏，津津有味地看起大人們稱之不務正業、我視之精彩有味的老書來。

　　不少時候，看著看著，突然耳朵一陣揪痛起來。

　　不好，又是媽媽來了。

　　到了暑假，我最喜歡的事情是放牛。吃完午飯，就強裝著睡了一會兒，等爸媽一睡著，不論屋外的太陽多酷，我也拿起一本老書悄悄地出門了。牛自由地吃草，我自由地看書，不到天黑是絕不會回來的。

　　外公的這些書，得來非常不易，鎮上沒有書店。由於暈車，他不顧已是殘年的身子，常常走上幾十里路去縣城新華書店，買了幾本書又匆匆也慢慢地走回幾十里之外的家。有些時候拿著自己的書，走過二十多里的山路，和鄰近鄉里的老人，換來幾本老書看。

媽媽看在眼裏，很是心痛，但也知道她殷殷的勸告，對於外公是無用的。

外公過世的時候，留給了我一箱子老書，書是媽媽帶回家的，我還在讀初二。

那些書，內容有了些年月，其中反映的事實，都是遙遠的。就連那些作者，都是作古了好幾百年。說是老書，不為過分的，但是從嚴格意義上來說，這些書也是新書，因為編輯它們的出版社，還是年輕的。

這些書，好讀，也耐讀，讓我覺得嚼之有味，樂讀不疲，同時，在內心深處，有了一個高高的形象，那就是出版社，認為她是神聖不可及、不時製造權威圖書的地方。雖然，當時的圖書印製品質較為粗糙，內芯使用的也不是特種紙、蒙肯紙、象牙白之類，封面設計較為簡單，沒有使用現代化的工藝。而在我心裏，它們就是美的。

看這些古典小說，當時也是困難的，爸媽是不會給我去買的。只好悄悄地借，有時稍沒注意，不是被科任老師繳去，就是讓爸爸或媽媽搜出藏了起來。我甚至偷偷地偷出爸爸較昂貴的二胡琴弦、松香，和同學交換一本已經沒有封面、甚至殘破的《水滸傳》，悄悄地放在媽媽很難發現的地方，一有時間，就拿出來細看。

後來，我來長沙後買的第一套新書，就是嶽麓書社的包括《水滸傳》在內的四大名著。現在我只要看中了什麼書，隨時都能弄到或買回家。在老家的時候，是不會想到若干年後，自己也能危坐在曾以為高不可攀的出版社裏校書、編書、寫書和評書的。

大學快畢業那年元宵之夜，我讀著學者江堤的遺作《書院中國》，被其詩性的語言、豐裕的內容、雅致的裝幀吸引，情不自禁地寫起來了《書院中國的生命絕唱》。

那晚，同學們出去玩，我倦在一孤燈下，聽著外面的鞭炮聲聲，寫出了我第一篇書評。當初只是發表在新華網，卻先後有《揚子晚報》、《雲南日報》、《陝西日報》等多家主流媒體讀書編輯刊發為頭條。

翻讀江堤心血雖冷文字猶熱的生命力作《書院中國》，品讀他的詩人靈感，悟讀他的作家才情，研讀他的學者性格，讀他的熱烈如灼，讀他的剔透如脂，當然也讀他那蒼勁有力的務實翅膀滑過中國書院傳統文化海洋天堂的每一道帶著火花的軌跡，並不時感傷江堤本如脆弱琉璃的生命而希冀在質樸的文字和謹嚴的思路中對接不老的才思與不悔的精魂。

2005 年，對於我而言，是一個轉捩點。因為書評，我認識後來一直指導我寫作、教誨我做人的蔡棟先生。校對《湖湘文化訪談》時，發現蔡老師對湖湘文化的理解，通過其行文簡潔而不失情趣的方式，使我如沐春風。

我第一次地為一本圖書寫了兩篇書評，分別在《出版廣角》、《南方都市報》上發表。此書不論到了什麼時候，都是不會過時的，瞭解與研究湖湘文化，它是一座無法繞過的豐碑。對於湖湘文化的認識，有利於我們審視過去、反思自身、看重未來，都是一件有意義的事情。

在今年 4 月前，出版編輯，是我的本職工作，只能一絲不苟、一腔熱情地孜孜以求。平時寫寫評論，是我的工作調劑和另類生活的安排。我因品評圖書提高編輯品質，又以在編輯中的素養鍛造自身的寫作與評論水準。

　　我寫作書評，滿懷平靜心思，想得最多的不是讓自己出名。有時推薦新書，沒有樣書，常常是用自己菲薄的工資購買寄給相關媒體。萬一找不到樣書，只好選擇向大型門戶網站投稿。

　　我對圖書有著不倦情緣，一有機會就向讀者推薦，從不去想什麼報刊與網路的區別，也不在乎人家是否給稿費。

　　自 2007 年初，受聘於嶽麓書社從事國家重點項目《中華大典‧藝術典》的編輯，使我有了真正好好編書和讀書的機會，主任饒毅女士很是欣賞我，在嚴格要求我提高編輯業務水準的同時，一直支持我在悉心工作之餘多為湘版圖書做推介，其他年長編輯在勉勵他的同時常常詢問最近寫了多少文章。

　　於我而言，這僅僅是一個開始而已，我期待能有更好更多的圖書問世，我也願意用文字為圖書做推介，以便廣大到不再像我的童年那樣只能看到老人家才看的老書。

　　當然，我也希望能有更多的人，能為圖書做宣傳。為自己熟悉的書，寫紹介性文章，也是一種快樂。對於好書的推介，我是不吝筆墨的，也盡最大可能地加大宣傳力度。宣傳好書，不是諛辭，不是諉過，而應在不同的角度，淋漓盡致地反映出圖書的內容思想，作者的喜怒哀樂和道德情操，以及修養、情趣、學識和經歷。字裏行間，不失平靜，意味雋永，道出了他們不甘平淡為文字、為書畫的更高層次的藝術追求，不卑不亢的書生風骨躍然石上。

　　雖為閒適文興，卻是自然流走，這些文字冠不了錦繡文章的帽子，但還是需要耐讀，嚼之有味，品之不疲，猶如夏日薄荷，給人的是涼爽過後的清神，還有幾縷難以釋懷的韻致。如在嚴嚴白雪的冬天捧讀，定是另一番妙趣，甚至有一天能在青田小石上刻出敬之以禮的字樣，而不奢望什麼雞血石和藍田暖玉。

　　寫書評書話，我完全是用晚上時間，有時感到了疲憊，但心裏還是開心的。最起碼，我為讀者推薦好書，不再用擔心媽媽說我讀老書不務正業了。

　　平日裏，我常買不同出版社不同類型的不同圖書，認真閱讀，仔細比較，有了感覺就寫，對廣西師範大學出版社、三聯書店等的學術著作以及對葉兆言、池莉等名家的小說，沒有吹捧，沒有諉過，有的只是冷靜分析。

　　《愛得深沉的幸福歌唱》首發於《中國新聞出版報》，不久被《人民公安報》、《雲南日報》全文轉載，《福翩翩：遲子建最新小說集》七篇小說，各自有著反映的側重點，仔細體會，不難發現，所映照的主題是一致的，這就是太陽底下的民眾生活圖景——為了走出當前的困境，過上幸福輕鬆的日子，他們在奮鬥著。這一切，都被作者以藝術化的方式呈現出來，遲子建對人物與故事的把握，準確借助嫻熟的語言細膩勾勒了出來，使我們在深思的同時得以美的享受。

　　在《為愛在懸崖邊者敲一記警鐘》（首發於《中國圖書商報》，後被《朔方》轉載）裏，我認為葉辛在《上海日記》中的寫作筆觸帶著成人化的痕跡，甚至有時摻進了和自己那個同齡年代的思想比照，沒有單純地站立於傳統文化與當代道德對接的高度，來觀照一代普普通通的農家子弟融入現代化都市的過程。

　　在繁忙編輯工作之餘，我喜歡書，讀老書、新書，並樂意為更多的讀者推薦優秀圖書。

　　這樣的寫作，雖在繁忙工作之餘，卻讓我感到分外的自由、輕鬆、平靜與快樂。

　　凱爾泰斯將他的寫作視為是為了延續他的生命，我把寫作看作創造人生的快樂和血液，因為我的文字能把更多的讀者引近圖書，本身就有快樂的意義存在。

　　西緒弗斯不倦地輪迴推進巨石，為古希臘神話增添了執著的色彩。我又希望自己能無怨地用青春和生命，檢索老書、新書及其相關故事，悉心窺探走近優秀圖書的路徑，以文字形態的書評作為「阿基米德支點」，撐起了精神形態的閱讀品牌。

　　媽媽不再反對我讀任何書了，但她走進我的書房時總會說上一句「你啊，家裏又多了好多新書」，爸爸一旁笑道「這現在是你兒子的本職工作，不能再罵他不該看老書了」。

　　曾有友人至我家玩，問我媽媽，老書是什麼？

　　識字不多的媽媽，一本正經地跟他說起我偷看外公老書經常挨她罵的故事。

　　那已經是二十多年前的事情了，媽媽講得很清晰，友人聽得津津有味，只是媽媽的話語裏多了一些欣慰、少了許多擔憂。

　　朋友問我老書是什麼，我遲鈍了一下，哦，我都差點忘記了。她又問家裏是否還有這些老書啊，她也想看看。我說書架還有不少，她說那都是新書啊。

　　是的，是新書，也是老書，現在這些比我在外公那裏看到的，印刷和裝幀漂亮多了，當然也糾正了不少錯誤，但是內容還是一樣。

　　也許，哪一天那裏面放著我的一本書，一本關於我對生存、生活和生命有所疑惑、有所醒悟的書。這是我曾經的期待，也是我一時的衝動，更是我長期延續的自我反思。

2011 年 12 月 15 日

目次

第 101 個觀念

　　數十年來，中國大陸女性著裝日益變樣，1970 年代穿一身黃軍裝顯得英姿颯爽，1980 年代興起了連衣裙、牛仔褲、喇叭褲、大腳褲，1990 年代薄薄的緊緊的裹著長腿和屁股的踩腳褲成了時尚……近些年來，走在大街上，不經意之間，一個下穿超短裙、上見胸罩形狀、顏色的女性，迎面而來。

　　如果將三十年後的著裝，三十年前穿在女子身上，定然會惹來「傷風敗俗」「好不要臉」的旁語。反之，讓今日的時髦女性，穿上那潮起潮落紅海洋中的黃軍裝，自是一個標新立異、招人訕笑。

　　我一次乘車，車開動時，前有一老人慢了幾腳，司機急剎車，甩出一句國罵，接著笑道「大家不要怪，人家穿著解放鞋」。車上頓起一陣歡笑。

　　社會發展了，時代的顏色也不斷改變，不單表現在我們的衣食住行方面，就是大會上領導講話，私下裏朋友聊天，或者學者發表觀點，都是說一個並不新的詞兒，那就是「觀念」。

　　比到最後比觀念。觀念到底是什麼？耳熟能詳的詞彙，卻沒有幾個人能作具體的解釋。過於要去搞清楚這個詞，沒有多大意義。但，觀念對於我們的生活、工作、人生、交際、戀愛……及生存在全球化、世界化的快節奏時代，確實重要。

　　文化評論高手楊照，見證台灣民主轉型，積極參與其中，反思現代公共領域的意識形態變遷，提煉我們不時遇到的公共概念，作

出一種新的解讀。他健筆縱橫，睿智激蕩，採取說故事的形式，在
《故事照亮未來：通往開放社會的 100 個觀念》（廣西師範大學出
版社 2011 年 9 月版）中，說出一種關於時代觀念的博學、洞見和新
鮮，讓我感受了不同於枯燥說教的豐富、複雜和多元，感觸到他在
100 個有趣的故事裏，將 100 個氣場逼人的觀念說得親切、美麗、
歡欣和清醒。

　　此書在台初版時，名曰《如何做一個正直的人》，沒有「故事
照亮未來」這般透徹、清新和吸引人。我卻被「100 個觀念」駭住
了，覺如類書、詞典，恐有說教、保守與瑣碎的痕跡。當我開篇溫
讀，便覺得楊照是一個正直的人，敢於說真話。他擅說故事，用那
些並不珍密、亦非隱私的軼事、掌故、新聞及著作、文章，如甘迺
迪就職時精短而精彩的演講、哥倫布閱讀《馬可‧波羅遊記》後的
狂想和行動、英國政府承諾採購新霍亂疫苗幫助第三世界國家、歐
巴馬痛斥 AIG 而要追回發出去的紅利……誘發我辨識公共領域的普
通和熱鬧，真實與殘酷，民主和掙扎，溫柔和憤怒，以及不可預知
也難以抵擋的蒼涼和感傷。他所思考的，我們也熟悉的，是連繫現
實生活的政治、社會、道德、倫理、文化、教育、科技、衛生、歷
史、民主、尊嚴、權利等的觀念與常識。

　　雖然社會的發展中，虛無主義者、狂熱分子、恐怖分子、保守
主義者、思想激進者、小資情感者、衛道士……以及信奉黑色幽默、
意識流的人，阿 Q 和吳媽的思想繼承者，都有自己的生活目標和方
式，理想和信仰，內容和矛盾，很難為外界思想、學說、行為和行
動所左右。我們也不可能從法律、政治權力的方面，強制大家該做
什麼，去想什麼，追求什麼。即便對公共事務敏感，或麻木，或沉
默，或茫然與困惑，也難以輕易地瞭解熱愛生活的思想者楊照，是

怎樣的堅持和選擇。他有自己的世界觀和洞察力，充滿理性和思辨的價值體系和人生觀念。雖然他「覺得自己是一個樂觀的悲觀主義者」，「不相信命運，更不接受任何萬劫不復的預言」，但他不論採取何種悲觀的態度，都是理智地、樂觀地堅守著做一個現代公民的角色，而不因有形諸可興、可怨、可歎一類文字的思想，作先知自居。

　　觀念不是具象之物，亦非不變的個體。隨著複雜的現實社會急劇變化，其內涵自有變數。有不少人喜歡空洞、抽象地對人談論觀念要變，要有新觀念，卻又不能勇敢地拋棄過去，像楊照一樣根據生活和經驗，來思量愛國、選舉、生命權、政府的責任、民主資格、懷舊、大學精神、博愛、犬儒主義、名嘴、法的精神、民意調查、算計、制度、文明標準和未來等 100 個觀念。這些觀念，在過去便有配套的內容、匹配的價值，當楊照結合不具時效性的舊事軼聞，進行了現代性的延伸與敘述，讓其面貌一新，使人眼前一亮，發現了一個有思想的知識分子對公共事務聰明的認識和理解，感知其在具體的實踐層面對道德哲學的應然詮釋，當然，也存在著一種獨特的與時俱進的意義和性質。

　　他講敘故事的本領是高強的。為了談論「選舉」，他先寫 20 世紀早期美國工運領袖德柏斯被強權關進監獄，多次拒絕時任總統威爾遜的特赦，而後來接受新總統哈定的特赦，凸顯了這個很具魅力的人物的性格，引發了我的興趣。然而，他筆鋒陡轉，從德柏斯曾多次被社會黨提名參選總統，連繫到其競爭者們的不同立場，進而由這種「有議題、有信念的選舉」，來觀照自身所處的政治體制差異。

　　他從法國已故哲學家德里達《博愛政治學》中的思想，分析博愛與狹愛之別，以西方政治中的「不寬容」，反觀台灣當代政治的最大問題。他讀書而論，閱世而思，由德里達對博愛的理解和警告，反思身邊的許多人喜歡將「認同」上綱上線的現實，又連繫佛家哲學中的破除我執，冷靜地提醒自己、告訴世人如何「學習去愛和自己不一樣的人」。

　　楊照不但擅長講故事，而且善於積累，更能讓不同的故事在現實中找到對影。他簡析達爾文祖父舉辦滿月會的興致，邀約一群博學有趣的學者高談闊論。久而久之，這平常的月下聊天，聊出了瓦特的蒸汽機、普利斯特利的氧氣分離、凱爾改變人們衛生習慣的肥皂大工廠，以及瑋致活在英國史上極具盛名的瓷器製造業。有趣的是，老達爾文和瑋致活聯姻，為世界貢獻了一個偉大的生物巨匠，他們的孫子達爾文不但寫出了《物種起源》，更發現了改變人們認識的進化論。楊照敘寫這個故事，並提及黑格爾、費希特同謝林曾同居一棟小屋的往事，程顥、程頤兄弟共師周敦頤的歷史，卻不是簡單地讓人們重溫這些類似每逢滿月聚會的佳話。他在思考今天為何少了敢於挑戰世俗的創意團體。

　　這樣的故事，在《故事照亮未來：通往開放社會的 100 個觀念》中，比比皆是，不勝枚舉，而且都被楊照解讀得充滿情趣和精緻，充滿智慧和美麗。雖然文章都不長，也不是弔詭迷離的大道理，然而，他善於講故事，樂意談過去，讓我非常願意讀下去，讀他不同於他人的理性、觀念與歷史，讀到他並不滿足於此的經驗、生活和故事。因為他清醒地意識到，現實社會發展的節奏越來越快，快得讓人匆匆忙忙地尋找出路和希望，只有真正把握住了觀念的變化與實際，才能安全地走向民主、自由、法治、公正、幸福、開心的未

來社會，走入中國的開放和開放的中國。楊照讓觀念故事化，照亮了自己，也讓我和其他人看到了前面的光亮。這，其實也是楊照沒有寫到的第 101 個觀念，其關鍵詞則為「觀念」。

（原載《新聞晨報》2011 年 11 月 27 日）

宋詞背後的女人味

雖然時光逝去近千年，但宋詞仍能讓人想起美麗的林林總總：美女、文人、俠士、官員、奇才、豪客……溫柔和慰藉，幽香和癡情，與晏殊、歐陽修、柳永、蘇軾、秦觀、辛棄疾等一大串姓名，連繫在一起，使當時文學成為了中國文化史上的一個頂峰，也令今日的人們喜歡去尋找似曾相識又溫暖心窩的詞句、意境、憧憬和迷戀。潘小嫻就是一個鍾情宋詞的現代粉絲。她不止愛讀那些長短句，更對關於女人的篇什，有著各種各樣的戀愛。她把富於女人味、人情味的很多情景，寫於一紙素箋，邀約我們一同感受《美人香裏說宋詞》（京華出版社 2011 年 3 月版）的小資情感與華美風流。

宋詞中的女人是美麗多情的，充滿說不盡的花氣與香氣。無論大家閨秀還是小家碧玉，無論藝妓館娃還是慵婦怨女，都被多情的詞人們勾畫得清新活脫。這些詞人中，有李清照、朱淑真等女詞人寫切身的情愛世界，有柳永、蘇軾等許多男性同胞，癡情滿懷地狀寫別有一番風味的女性神情。當然，也有不少生存在底層的如嚴蕊一般的妓女，能寫出美好的詞句，表達自己對愛的嚮往與無奈，憧憬與困厄。都寫那細膩溫婉、柔麗曉暢而不失晦澀雅致，將望眼欲穿、懶起淡妝、欲愛不能之類的狀態心境，蘊含其中，搖曳多姿，精妙怡人，給人一種淡淡的傷感、釅釅的幽怨。

潘小嫻對詞中的癡情女子，多有同情和憐惜，但沒有一味地解析怨婦癡女們的落寞情思，而是較理智地指出她們的迷離、彷徨、

閉守和無可奈何。她從豐富的宋詞寶庫裏，精選出百餘首具有代表性的作品，反映有宋一代女性生活的真實縮影，也將男人眼中的女人情作了細膩點染。

那些優秀的男詞家，不吝濃墨麗詞表現身邊女子，描慷婦對遠行愛人的思戀，繪思女對幽會男子的留連，向心儀的藝妓獻媚，對逝去的妻子追憶……寫出無數真情和摯愛，將女人心攪得漣漪泛起，沸騰接連，惹得很有傲氣的歌女非常樂意和偶像明星來一次婚外戀、異地戀和忘年戀，或自此守身、堅拒狎客、慘澹度日。即便明知泛情的文人們容易忘去一夜情時的纏綿與旦旦信誓，但那些可愛的女性，還是不減曾得到他們溫存的自豪與癡情。

這些女性，是幸運的，也是幸福的。她們的俊美秀雅、靚麗芳香、多愁善感，她們的敷鉛粉、抹胭脂、畫黛眉、貼畫鈿、貼面靨、描斜紅、塗唇脂，她們斜倚欄杆牽腸掛肚的思緒夢囈，她們偎依愛人相悅相慕的癡情嬌嗔，她們委身青樓無可奈何的迎客作笑，她們寄身官家小心翼翼地低眉把盞……都被寫進了美麗的歌詞，寫得栩栩如生，嬌豔婉轉，清幽流溢。他們或直接描述，或從對面寫過來，使「男子而作閨音」，成了宋詞的基調與一道亮麗的風景。善工此術者，有落拓詞人，有高官宰輔，有頂級詞家，有御用文人，就連頗負盛名的衛道士、保守者司馬光與歐陽修，也有淡麗絕俗的香豔詞，寫佳人裝飾、花般容貌和忐忑眷戀，讓人不得不感歎他們在人性的催促下，情不自禁地成了最善變的千面男子。

文人們喜歡倚翠偎紅，留連青樓，花間狎妓，煙雨留情，一個個為情而動的真誠傳奇，一回回不能自拔的戀愛佳話，成為美好的幻夢，成了懵懂而朦朧的時尚。即便是達官貴人囿於禮制內的約束，也多在府上蓄養舞女歌姬，或與有名的賣藝場所有著不少聯繫。傑

出的詞人們沒有輕蔑那些女子的低賤和淺薄，努力用精彩的文辭為之寫真繪像，讓她們為得到某一偶像作家的讚譽、好評與激賞，滿是期待，狂喜不已。東坡學士不忌諱世俗的眼光，與妻妾王弗、王閏之、王朝雲等深情廝守，得歌女琴操、秀蘭等紅袖添香，還迷戀了多個有夫之婦、鄰家閨女紛紛加入瘋狂的追星族。作為國相之子的晏幾道，按理應持守儒家禮制、官家威儀，但他是天生的癡情種、寶二爺的前身，留下一系列癡情的狂詞醉句，陪伴與之鍾情、戀愛的蓮、鴻、蘋、雲一同流散他處。他們對心愛的女人們，都付出了真心，也有深情殷切的詞句向當時男尊女卑的中世紀，發出了震撼性的抗議。那些虛弱的時代女性，為了真愛敢於反叛，不再願意在虛華中萎縮人生，不再甘心在廢墟和荒原上掩埋人性。雖然文人們的風流多情，不能對家中的妻子專一忠誠，也在履行男權主義的尊榮，但在某時期內對紅顏的愛戀，該是真誠和尊重的。

髮妻王弗病逝十年，蘇軾依然魂牽夢繞，寫出「相顧無言，惟有淚千行」的相思情。若非情到深處，新有美女相伴的蘇學士，自然不會對亡妻日思夜想，愈發感傷與蒼涼，悽楚與哀婉。窮士子、醜男子出身的賀鑄，受盡來自皇家宗室的妻子千般青睞、萬種柔情，但相守四十餘年後，夫妻分離，陰陽兩隔，賀氏只能將無數的傷痛、淒絕和孤寂，化作追思「空床臥聽南窗雨，誰復挑燈夜補衣」的迷離。曾狂放不羈的朱敦儒，因妻早亡，「可惜良宵人不見，角枕藍衾虛設」，只好獨自擔起單親家庭全部的愛，但這偉大的父愛，卻被秦檜殘酷地利用了，封官其子誘之歸附。這些人對亡妻的愛，是毋庸置疑的，隨同陸游對前妻的負疚、罪感一樣，值得溫故。當下，不少男人喜歡小蜜、二奶的纏綿嬌滴，將妻子的真誠相待，早已拋擲，一旦清醒過來，或許會發現家中的她才是一生的真愛。

　　宋人對愛的追求，雖被固守在「男女授受不親」的禁條中，也有不少人進行著痛苦掙扎與突出重圍。大戶小姐李清照和老公趙明誠，雖不是青梅竹馬，也是婚前相識，她把對愛人的癡愛與悅慕，直白表達，不拘肉麻，惹得後人認為她有好色的欲望和傾向。小家碧玉朱淑真有不幸的婚姻、畸態的愛情，受父母命嫁與小商人，而丈夫迷戀小妾奔赴他鄉，將她留在家中，只好與初戀情人做艱難的幽會。那些妓女和文人，伴隨著許多佳話艱難維繫，而自由自在、自得其樂的情景背後，更是讓無數斷腸人備感欣悅、落寞和悲涼。他們似乎得到了心中所要的愛，但愛人的早逝或離去，孽情的泡沫或毀滅，不會因為他們愛得如何激烈、怎樣瘋狂，而過分地予以恩惠。柳永死時，只有愛戀的幾個歌女淒慘送葬；司馬槱逝前，同距數百年的南齊名妓蘇小小有過三年冥婚；就連梅妻鶴子的林逋死後，墓中留有一副金釵，讓人不得不疑慮他歸隱山林的情歸何處。

　　妻子很難得到丈夫善始善終的專注，藝妓無法中斷風流文人的移情別戀，詞家們享受著妻子、情人的執愛，卻不滿足，四處留情，招蜂引蝶，不時誕生八卦、豔遇、招妓、婚外情之類的花邊新聞。更有甚者，宋祁家中有了十位妻妾，還因詞名在外，引得可笑的仁宗皇帝欣然將小老婆婚配宋某人；朱熹作為理學的集大成者，為了一個歌伎，不惜用權力和另一官吏爭搶，無果時便採取構陷同僚、屈打美人的非理性勾當；張先雖有「雲破月來花弄影」的麗句傳世，仗著能寫幾首豔詞的功夫，在八十歲娶回十八歲的小妾，再過五年又找了個年輕的如夫人，大擺宴席，招客歆羨，卻不知這般濫情，糟蹋和侮辱了他人和自己的人性。如此是否屬於愛與被愛，我不知道，然知道張先們製造的是一系列摧殘女性的悲劇。

　　細讀《美人香裏說宋詞》中的靈動文字，不難發現潘小嫻是一個用心的秀雅女子，她將宋時風月、文人風骨、美女風韻、市井風情與家國風雲，融匯成宋詞中的悲歡離合，接受現代讀者的欣賞和品讀。她喜歡將選取的詞兒，大多翻譯出來，形諸散文詩化的語言，方便了一般讀者的理解，無形中弱化了賞析的深度與理論性。但，縱觀她遠紹旁搜，採取比較的開放方式，運用多首同題材的作品，深化共同的主題，足見她為反映宋詞中女性話題，花了不少心力和才情。尤其是她引入不少詞話、筆記、稗事、逸聞，對於我們看到宋詞背後的情愛、世相及女性命運，有著其他同類讀本難以企及的優長之處。更有趣的是，她結合當下影視劇、文學作品、現實語境，甚至人們津津樂道的徐靜蕾、韓寒半明半昧的博客調情，大 S、汪小菲羞澀真誠的微博戀愛，以及古希臘神話中美男子納喀索斯的顧影自戀、美國流行樂壇麥可‧傑克森為了美麗儀表不懼整容自殘，使我們對宋詞中生活情景、都市氣息，有了並不遙遠的現場感，從而感知到異代文人同樣體恤世情、想像存在的悲欣、深沉、凝重和真誠。

（原載《天津日報》2011 年 5 月 28 日）

候鳥棲息在何處

在許多人的眼裏，摩門教擁有一副邪惡的面目：多妻制，與員警衝突……幾乎是暴力與血腥的溫床同象徵。然而，真實的摩門教徒，信奉一夫一妻制，重視家庭生活與素質教育，傳承奉獻精神與熱愛大自然。當代美國自然文學作家、詩人及博物學家特麗・坦皮斯特・威廉斯，便出生在一個摩門教徒家庭。威廉斯家族在聚集摩門教徒的鹽湖湖畔，已經生活、繁衍了六代。

鹽湖在美國猶他州，有一片超現實的風景，有一汪沙漠無法飲用的碧水，有一個曾生活 208 種鳥類的熊河候鳥保護區。在這個貌似無用的湖泊區域、美國最大的水禽保護區，威廉斯通過實地親歷、切身感悟，形諸自然文學經典之作《心靈的慰藉：一部非同尋常的地域與家族史》（程虹譯，生活・讀書・新知三聯書店 2010 年 4 月版），寫出了鳥類與人類應對自然災害的困苦艱難，寫實了幾代癌症晚期的患者及家屬直面病魔和家庭悲劇的心路歷程。

威廉斯熟悉、熱愛這裏的鳥類，可以直接叫出不同形狀、羽毛、色彩的鳥兒的名稱，產生過各種各樣的期待和憧憬，期待工業社會的人們少侵佔、驚擾穴鴉、杓鷸、雪鷺們的生存領地，憧憬早逝的母親能在天堂看到鳥兒的自由飛翔。

願望是美好善良的，但願景只能隨著鹽湖水浪的時漲時落，變得渺茫、迷離。威廉斯懷著信奉精神世界的信仰，始終「相信每一個人，每一隻鳥，每一株燈芯草以及所有其他生物在其生命的實體

來到世上之前都有一種精神的生命」，然而當地市長早已下令將三處峽谷的水流，引進市中心滿足自由公園的用度，最後一股腦地注入鹽湖，使水位周而復始地輪迴在 4203.25～4211.85 英尺之間。

供市民近遊的公園被冠名自由，而被民眾遠觀的飛禽的自由，卻隨水位的不斷提升，喪失了自由權利。鳥類四處逃竄、流離，連賴以生存的窩巢與濕地，也時常遭受嚴重的破壞。城市裏多了不少關於水、取自水的魅影奇觀，但大量的廢水，一瀉汪洋成肆虐，令生態系統一再陷入危境，讓人與自然關係嚴重受損，生態平衡的底線，被突破了，鳥兒一天天的少了，有些已瀕臨滅跡絕種。追求商業文明繁榮化、經濟效益極大化的英雄們，很少想到這些。他們只想著如何在空調房裏，怎樣享受藥物催發、化學反應的變異成果，卻沒憂慮住在核子試驗基地下風口的威廉斯家族女性，為何多半患上了乳腺癌，為何九位做了乳房切除手術、七人過早的死去。

熱愛生命的威廉斯，在 34 歲時也被確診為乳腺癌。她在死神面前，依然那麼堅強，那樣冷靜。她想到了那一片依附大地意願、人們生活的夢境，聽到了候鳥們尋找舊日窩巢的淒厲叫聲。她呼籲人們衛護春秋之際遷徙中數百萬之鳥的棲息之地。她對可憐的鳥兒，寄予了滿腔深情和現實憂患。

母親戴安娜在癌病惡化後，先是去大峽谷和科羅拉多河上做一番平靜的沉思苦想，來一種特殊的精神復活。這是她虔信基督的無奈表現。但在臨終前十天，她選擇去看湖畔的飛鳥、細沙和鼠尾草。威廉斯陪伴著，一邊觀察母親從大自然中汲取活力的堅定，一邊審視水位的漲落、候鳥保護的存亡。她將湖、鳥、人三者視為不可分離的整體，從一個博大視野同土地倫理中，感悟人與自然、人與鳥、鳥與湖同生共容的生命真相和世界真理。

　　母親帶著微笑、孤寂和無限的遺憾離開了。家中的男人不再拿著獵槍，下湖區屠殺鳥兒了，就連弟弟拿著槍進山，也只是端著望眼鏡遠看雄鹿的活躍奔跑。威廉斯把這些都記下來，記下了曾經的獵手們，由悲傷之情，發展成憐憫之心。雖然她知道鹽湖湖畔、熊河保護區裏，已經很難修復到原來的狀態，但她還是堅持將母親彌留之際的言語和行動，永遠地留在她的記憶中、文字裏，轉化為訴與世人的善待自然、堅守臨界的真話。這是給她以溫柔與慰藉的風景，遠離了人們的爭鬥好強、貪得無厭，使她心靈一直感動與震撼，且萌生出新的聲音、歡欣和信心，溫暖著她經受癌變折磨的神經。

　　她對獵手司機作出憤怒動作，曾招致母親的不解。母親病情再度惡化時，她赴鹽湖向加州鷗尋取心理援助。她在冰凍著的湖畔，聽著母親談托爾斯泰的短篇小說。她精心裝飾一隻被洪水淹死的小天鵝，甚至在母親逝去後，跑到大自然尋覓熟悉的聲影……一切的一切，都能見證威廉斯母女迎戰病魔的不屈頑強。她通過飽含情思、滿藏理性的類似日記的優美散文，將眼中的鴉、鷸、鷺、燕、鷗、鴉、鵑、鵲、雁、雀等數十種鳥類的真切印象，描畫在一種獨特的表現方式中，鋪陳在 36 章具體文字裏，反映出她找尋人類內心的情感世界同特定的自然環境融通之處的大膽與高超。

　　文中的描述，無論是對人，還是對鳥，乃至對大自然和人居環境，都是一個悲忿而洋溢強烈激情的色彩。威廉斯家族成了典型的單乳族，大鹽湖不少鳥兒走了、死了。望著鹽湖風起時隨大浪此起彼伏的情景，她隱約感到，滅頂之災正在向這裏集結。而流向鹽湖的水，還是那般洶湧不息、懾人心神。對於這些，漸已羸弱的她，始終沒有絕望。

　　通曉摩門教精神的威廉斯，長時間地通過文體獨特、情感動人、故事生動的文本，試圖驚醒盲目破壞生態平衡的世人，期待人們能同她一樣醫治自己，給自己鋪一條回家的路。她對土地滿懷鍾情，她對自然充滿戀愛，殘酷的現實生活，帶給她許多關於人與自然的啟迪，也使她在自然文學、生態批評與環境保護等領域傾注了無數的情感與理性，形成了很多深具影響力的思想。譯者程虹將威廉斯憂思保護野生動物、關注生態環境的文字，引入中國，也正是希望我們能更清醒地洞察身邊的生活環境，是否與鹽湖湖畔有幾分相似。

　　我們只有尊重自然，善待大自然，學會與自然同生共容，才可避免飛禽走獸的消失，減少地震、火山、海嘯、冰凍、洪水、沙漠化、颱風之類的自然災害頻仍發生。威廉斯在《心靈的慰藉》中，雖不無感傷和蒼涼，但她努力以一種新鮮的思想元素，在心態和生態上實現接近與連通，將病態而趨向健康的家族史打造出一面鏡子，期待人們從中看清貌似豐富而滿目瘡痍的大自然，審視現狀，反思自我，尋求人類與自然的真正和解共榮，使快樂的鳥兒真正地自由飛翔在心靈之外、天地之間。

（原載《中國教育報》2010 年 9 月 16 日）

瘋狂淘書多雅趣

　　淘書、讀書、藏書……凡同書打交道，總或多或少地與風雅沾上了關係。美國知名讀書人尼古拉斯・A.巴斯貝恩，也不例外。他喜歡讀書，讀不同時期、不同國家、不同作家的新書舊書，留戀於各地舊書店、跳蚤市場、古玩店、廉價舊貨店及圖書館的舊書處理，搜羅熱心的二手書、初版書，很是癡迷，近似瘋狂。他不同於某些藏書者那樣，覓得好書束之高閣，求取珍本待價而沽，而是認真研讀，仔細玩味，慢慢著述出大量圖書集藏方面的暢銷書，《瘋雅書中事：21 世紀淘書策略和視界》（盧葳譯，生活・讀書・新知三聯書店 2010 年 11 月版）就是其中一本。

　　巴斯貝恩曾入圍美國國家書評獎決賽，且贏得了「關於書之書的權威作者」的稱譽。他寫對圖書的感悟和思考，寫對舊書的鍾情、戀愛和淘得好書後的欣悅、歡喜，有著各式各樣的清晰的憧憬和期待。當然，他也會經常考慮到自己的接受能力與心理，做出切近實際的預算。斷然不會因為喜好一本品相絕美的 1623 年版《莎士比亞戲劇作品集》，而如書商路・韋因斯坦同一個神秘買家一樣，花上 600 多萬美元去競拍。

　　對於他人耗費鉅資去佳士得、蘇富比搶拍一本書，他有清醒的評判和認識，不會像某些人質疑「不就是紙嘛」。在他的理念裏，淘書是個人的事情，不涉及經濟，更不是財富的比拼。他曾參與過一次競拍，起價為 50 美金，只因一位女士的半路殺出，直至最後用

了 275 元，才能將原紐約大都會藝術博物館館長法蘭西斯・亨利・泰勒珍藏的一整套明信片，全部收留，而免於落入古董商的囊中。他並不很熟悉泰勒，純粹出於一種神交、一份熱情，果敢地終止了一次藏品四散的危機。

有著這樣善良和真誠的社會良知與文化責任，他卻不可能杜絕所有的藏品淪為商人們牟取暴利的武器。他只能盡可能地告訴人們關於好書珍籍的價值所在。他借主持《伍斯特星期日電訊報》文學版的機會，採訪了大量美國著名的甚至有世界影響的作家、藏書家、書商和圖書館工作者，收集了作家們富有特色的題詞著作，還同那些特殊的書之名家探討著關於淘書的技巧、原則和策略，從中收益了不少指引淘書的幫助，獲知了很多涉及圖書發行量、出版狀況、泛黃、環襯、品相等知識，且知曉了一些藏家有趣的故事和心思，以及淘書客們多元選擇、不斷堅持所成就的「淘遍全球」、「不瘋魔不成活」的種種佳話。這些獨特而不深奧的話語，深入淺出，絲絲入扣，為我們勾畫了一幅淘書視野下的風情圖，給新時期淘書愛好者們提供了一冊秘笈。

當下有不少人熱衷作者簽售，似乎借媒體炒作了一番的寫手，在扉頁上龍飛鳳舞地署上尊姓大名，就能為價值一般、內容普通的文本添彩增值。我卻喜歡巴斯貝恩堅持的方式，要求景仰的作家、藝術家和攝影家們，不吝嗇在簽名之外寫些溫暖人心、親近人情的詞句。無論是大牌明星，還是已從文學舞台上淡出的名人，也總會很激動地答應請求，在新書上，甚至初版書上，為有心而虔誠的他做「個性化服務」。他奔走在讀書、寫書、淘書和藏書的世界，搜集了不少作家的第一版圖書，也留存一些編輯採寫書評過程中的有趣樣張。

　　他和書商們交往，是非常講究技巧的，決然不會輕易地和他們討價還價。此中的學問，完全是他意識到淘書不同於一般商品的買賣。你可以指出任何書商圖錄中存在的瑕疵，可以因為裝幀鬆動、缺頁和沒有註明的修補等要求重新定價，但不能隨意砍價，那樣是對書商們的行規、職業進行的一次挑釁。書商們除了有獲取大把鈔票的欲望外，當然也會適當地對所售圖書做一定的研究。巴斯貝恩從書商那裏，獲得許多淘書的技巧和訊息，同時在收藏家那裏學到一些買書法則，諸如把已經尋找些許時日的書目，寫進計劃搜羅的藏品名單；或遇上一見傾心的書籍，就需憑直覺即刻購置，不然會在以後很多年為沒能及時購買而懊悔不已。

　　在漫長的淘書過程中，巴斯貝恩邂逅了一群稍嫌癡狂的愛書人，同其中如自由書評人雷蒙德·梅林等成了知己。他受益於書商朋友良善的指點，也因密友早逝而悲傷，不時追憶一同淘書的好些情景，還樂意替書評作者們尋找有價值的書。他喜歡和快樂的嗜書者們往來交流，發現書商對書業自身發展狀況的關心，強烈於對特定作家行情走勢的關注，甚至努力向讀者傳遞藏書家們對於業餘愛好者坦誠的建議。他介紹道，約翰·希爾·伯頓在 19 世紀就直言不諱，業餘愛好者由於不善於甄別，要麼陷入買賣藏書的輸家境地，要麼購入一堆不堪入目、大有爭議的垃圾。而他所認識的史蒂芬·舒伊勒，卻能脫離業餘愛好者的行列，成為全職書商、交流學者，原因是他屬於善於研究的人。

　　巴斯貝恩所欣賞的藏家，大多不是絕對意義上的藏書最多者，而是有著與眾不同的個人學識和鑒賞水準，使人驚訝和欽敬。羅蘭德·康姆斯多格就是一位特立獨行的圖書收藏家，他不滿足於只是擁有自己喜歡的書籍，而經常穿梭於美洲大陸與仰慕的作家們面對

面地交談，有時瘋狂到打破對喜愛的圖書的界限而大量購買的程度。只要喜歡的書，他就買好幾本，甚至上百本。而巴斯貝恩本身，就是一個對作家初版圖書、系列圖書無比熱衷的收藏者，除了把車庫、酒窖都塞得滿滿當當的外，還在衛生間的壁櫥裏擺放著他的立體書和妻子的園藝書。

他不僅僅勾勒了獨特的淘書體驗、閱讀視野、藏書喜好，而且將不同書商、藏家的秘笈，作了一定程度的吐露，使人們能清晰地看到他們怎樣利用身邊資源和現代科技手段，淘到心儀的書籍。他所表現的是美國藏書界的圖景，其中顯現的愛書狂熱、淘書激情，以及在舊貨市場、頂級拍賣會、網路淘書等的冷靜，卻對中國的淘書隊伍，有一定的、清醒的借鑒意義。

物以稀為貴，許多人喜歡把精力和財力，傾注在舊時瓷器、玉器、書畫、錢幣、信箋、合同、票證、像章、老照片甚至農村裏的老黃曆之類上面，從中摻雜著濃厚的財富、文化、情懷、功利和欺詐、泡沫等成分，如火似荼，各具機心。圖書收藏業內，也不例外。大多善本珍籍，往往被書商、藏家們絞盡腦汁地尋求，鼓吹無與倫比的價格。而人們對藏書界最常用的術語──珍罕、稀缺與價值──也常常最容易誤解，甚至將舊書收藏者同專攻善本古籍的人混為一談。巴斯貝恩專闢一章，詮釋這三個關鍵詞，引導淘書愛好者如我，怎樣認識圖書不平常的值得與品位，怎樣認識收藏中的價值和慎買。他從韋因斯坦那裏，得到一位已故書商談論一本精品書經濟價值的忠告：「品相，品相，品相。」品相也是他審慎重淘書時講求的一個重要標準，然在此問題上也有特例。一本外觀簡陋、並非首版且標題冗長得使人只能記住其簡稱《柯卡姆語法》，就因是只接受一年正式教育的林肯總統，曾於 1830 年步行 12 英里購得後

長期翻讀，寫出過辭令巧妙《解放黑奴宣言》及兩次精彩的就職宣言，便升值為國家藏書，富有了偉大的價值。

巴斯貝恩在《瘋雅書中事》裏，敘述著淘書和藏書的無限癡情與許多欣悅，帶給人一種讀書人、愛書人特有的開放情懷。他經常提及淘書者的收藏價格目錄、購書指南，在電腦上製作便捷而清楚的數目訊息，貌似強於我們通常所見的印製精美的圖譜、書目和專著。在它平實耐讀的字裏行間，不僅僅滿是情趣盎然的淘書故事、藏書佳話，而且有不少富於指引性、借鑒性、實用性的價值。更有意思地是，他作為一位懂書愛書且理解書的多面手，向我們傳遞著淘書的趣味、藏書的真諦以及圖書特有的價值和品味。他淘書、藏書，也每隔半年清理六大箱子書，去參加克拉克大學圖書館書友會書市上的拍賣，有時又會幡然覺悟而趕在第一時間重新搶購回來，引人如實地感受了一個真正愛書人的魅力和可愛，意趣和欣喜。

（原載《南方日報》2011 年 4 月 3 日）

走在東瀛看風情

　　近年來，中日兩國為抗戰時日軍遺留的化學武器、遺害的慰安婦問題，以及東瀛島內不時興起的右翼意識喧囂、歷史教材篡改、南京災難翻案等，爭論迭起，辯護不斷。歷史的真實，是不容歪曲更改的。甲午海戰、九一八事變、盧溝橋事變、南京大屠殺……由日本好戰分子炮製的種種罪惡，留給中國人民的，是不能忘記的損害、殘酷、恥辱和悲烈。尤有甚者，近期福建漁民在釣魚島附近作業，遭日方無理逮捕、扣押，再次引發我同胞憤慨、不滿和抗議。

　　在維護民族尊嚴、保護國土完好方面，我輩必然方寸不讓。至於市民抵制日貨、減少赴日旅遊，皆為國人自發，繫於中華情感而已。我們無論有多麼強烈的反制情緒，卻不能淡化從關於日本風情人文中，去感知與瞭解東瀛文化的千千總總：浮世繪、和服、太鼓、藝伎、清酒、料理、景觀殿宇……以及他們聊以自慰、引為自豪的大和魂。1988 年自費東渡、專攻日本文化的李長聲，自勵「勤工觀社會，博覽著文章」，為我們寫出了一系列觀察日本、反映日本和感悟日本的好文章、新著作。《東居閒話》（生活・讀書・新知三聯書店 2010 年 11 月版）就是其中很有趣味、值得翻讀的一本。

　　李長聲原在長春主編《日本文學》，對日本社會的好些情景，有著較為熟悉的印象。後離職旅日，二十餘年矣，他對日本文化風俗、美食餐飲及各地風景，更是近距離的接觸和親近。他走在帶有漢唐色彩、流蕩扶桑氣味的大街小巷，目睹親歷了各種各樣的神奇

和驚喜，古老和現代，也始終不曾忘記比較日本同中國的近似與區別。他把過眼的、朵頤的與遠足的觀感，連貫在娓娓道來又似乎不得不說的《東居閒話》中，勾勒了許多我們想像過但並未想到的日本真實。

李長聲有著文化人獨特的敏銳和思想。無論領略相撲的表演和歷史，還是回味日本權貴坐牛車的尊榮，或小酌在不起眼的酒館，或看日出日落、富士山頂的積雪，他總堅持去看萬千事態中表現的歷史社會、文化藝術，品味文壇掌故、飲食男女和風俗世相隱藏的涵蘊和風味。他輕鬆而談，不時幽上一默，把隨性同見識、意趣同自然，流蕩在沖淡而雋永的文字中，讓人在目不暇接的欣悅的同時，情不自禁地期待和憧憬更多的弔詭與神秘。

日本人對於日常生活是講究的，愛把人為事物名之為道，諸如細分為茶道、劍道、弓道、書道之類，又統歸為武、藝二道。似乎道高於術、勝過法、遠乎技，富於哲學的意味、精神的內涵，就連好戰分子們也叫囂著武士道。此非古來有之，最初稱為術。19 世紀末，有一個叫嘉納治五郎的開了家武館，將柔術改稱柔道，鼓吹術為應用、道為原理，幾經輾轉，後被教育部採納修改條例，又經吉川英治《宮本武藏》、富田常雄《姿三四郎》兩部小說恣肆渲染、推波助瀾、為虎作倀，致使武道的意識形態大眾化。1945 年美國佔領日本，嚴禁武道活動與教育，而一度順從的政府不久借興盛體育事業，復活武道。清末民初的中國人，盡受日本人的武道勢力凌辱迫害，我們今日所看的關於霍元甲、陳真、霍東閣與精武門的影視劇，就是當時國人對外侵武道的一種抗爭與反擊。李長聲敘說日本人所熱衷的道時，直言此種稱謂，可以在莊子那裏找到根源。

　　由美國人羅伯‧馬歇爾執導電影《藝伎回憶錄》，紅極一時，人們也許還不能忘記章子怡、鞏俐的紅唇粉面，有些驚悚，煞是嚇人。我們由藝伎二字，自然會想起妓女，想起秦淮河上的商女名妓，青樓紅塵中的杜十娘們，而在日本，卻有另一番風景。李長聲闢有多篇，談論藝伎的今昔變遷、文化地位，以及有多位總理大臣與藝伎們的繾綣情緣。伊藤博文的夫人、情人，都是藝伎出身，其視察地方也招致二三流的藝伎作伴，使明治天皇擔心他會弄出麻煩。宇野宗佑出任首相，只有 69 天便被迫下台，原因是一名藝伎揭發他，每月花 30 萬日元包養二奶。小泉純一郎連任三屆，除了交有藝伎為紅粉知己外，很有女人緣，贏得了大把選票。就連我們熟知的田中角榮，也找了一個東京神樂阪花街的藝伎做二奶，生了二男一女。藝伎同纏一條兜襠布的相撲手一樣，代表著一種畸形文化，自生自滅，慢慢地將成為一種歷史殘影。她們有自己職業準則，除低檔的外，品級偏高者大多賣藝不賣身，可以被包養，但一般不結婚，也不要求男人娶她，更不會在分手時糾纏。她們是一個被侮辱被損害的弱勢群體，在艱苦的命運面前，只有無助的苦痛與無奈的掙扎，決然不會有章、鞏二氏在現實生活中那樣的嬌豔和華貴。

　　李長聲對日本社會的觀察，極盡筆墨，從細微事物如木屐、國罵、早婚、俳句、幽默、步伐、大黑柱的淵源流變，挖掘少為人知的歷史真實。他從一個普通市民的英國派頭上，看到其不想做奴隸的骨氣和底氣；從一張出自名家之手的春畫，聯想到性崇拜變為性諧謔的搞笑；從北方謙三對《水滸傳》的重解，看到了武松愛潘金蓮卻不得而引發的血案，看到了日本人對中國漢字的最大改造。

　　李長聲平日喜酒，善於品嘗，就一杯清酒，也被喝出了晉陳壽、清黃遵憲對日本人與酒的遠近描寫。他由味淡而性不烈的清酒，想

到了中國白酒與黃酒的區別，想到了杜康的佳釀、曹操的禁酒令和商紂王的酒池。當然，把酒臨風，他也會吃食到鮮美的狗肉、牛肉、酸菜、醬湯。最有趣的是，他寫道，周作人最愛吃大塊蘿蔔燉豆腐，汪曾祺未吃過河豚肉而作詩抱恨，郭沫若以為生魚片乃中國傳去的習慣……諸多有趣的典故和佳話，足以看到日本美味中與眾不同的魅力，也能夠發現東瀛文化背景下的獨特和新奇。如今在中國不少大城市建起了日本料理店，只不過是中國的食料加上日本的作法而已。各大酒店飯館看圖點菜的手冊上，也慢慢多了些生魚片、生海鮮一類。也許，這樣的吃法有現代和時尚的味道，卻不會有李長聲那般深刻的感受，因為他所吃到的不但是原汁原味的東瀛酒肉，而且是體驗日本人向中國取經後的創新與思考。

李長聲四處遊歷，用心觀察，走進不同地方的風情，感受不同時代的遺跡，信筆勾畫出多處帶著濃郁文化氣息的風景。他從電影《黃昏清兵衛》中同名主人公的遭遇中，看到了江戶時代一名窮得不能再窮的武士，既要給藩主辛勤打工執勤，又要及時回家照看幼女癡母，還得在空隙裏搞點副業維持生活。雖然在士農工商中，武士為首，屬世襲身份、工薪階層，甚至在後來的倒藩運動中，武士得勢。但長期以來，一般武士只能給將軍或藩主當警衛、管倉庫，幾近家奴，慘澹度日。日本多溫泉，人們多混浴，惹得不少多情男兒浴火焚身欲念填心，躍躍欲往。作家井上靖在傳記小說中，記有兩幕情景，很有意味：一是十來歲時在水花中看到年輕的姑母「白皙豐滿的裸體很耀眼」；二是四五年後，幾個正洗浴的女生見他過來，一起驚叫，有大膽的衝他一句惡罵「色鬼」。原本在他心目中，女性的柔美是聖潔的，而這一聲罵語下的羞恥心理，使其長期厭惡那女生。對於混浴，我贊同李長聲的建議，「與其設大防，分開泡

豈不更痛快」,那樣就不用有錢女孩雇兩個老太婆前呼後擁了,也不用成立由上萬名男士組建「保護混浴會」了。當然,這對於一部分性情中的男女而言,也少了很多刺激和驚奇。

李長聲描寫日本社會風情,有他人難以企及的體驗與冷靜。即便一部舊書、一場老戲、一處舞台、一次祭祀,他都清楚地將退隱於深處的真相,描述成流利曉暢的文字,使國內讀者尋味到東瀛文化的意趣和真諦。書中所錄 21 幀出自近代名家手筆的浮世繪經典作品,亦可視作詮釋日本傳統文化的一個注腳和亮色。他在《東居閒話》中,漫話在旅居日本的閒適和寂寞,觸動和反思,儘量迴避了民族情緒與恩怨情仇的種種,試圖引人重溫中日文化淵源相通的歷史,實現真正的一衣帶水的情誼和慰藉。而前不久,日本政壇傳出恢復「皇軍」稱謂的主張,貌似要啟動艱難時世中苦痛的記憶,引起中國知名媒體人要直呼「鬼子」,也自然帶給在文化交流與溝通上不斷努力的兩國人民,不止是一般的感傷和蒼涼。

（原載《中國社會科學報》2011 年 3 月 3 日）

鳳凰衛視籠中的「稀世老鳥」

　　楊錦麟，香港鳳凰衛視讀報人，為香港鳳凰衛視掌舵人劉長樂借著《山海經》中「閩在海中，其西北有山」的鋪墊吉言，推崇為「稀世老鳥」，並饒有情趣地推介楊錦麟在鳳凰衛視的成功經驗，話說楊錦麟讀報的「魂魄」，在於一個飽經憂患、憂國憂民的知識分子，五十多年來的上山下鄉、學工學農、求學教書、賣文為生，在底層苦過、上層混過、中國內地待過，在香港漂過的複雜人生。

　　資深記者楊華歷時三年採寫楊錦麟從命途多舛的幼年、十五歲上山下鄉到大學教師，繼而轉赴香港先後擔任報社編輯、主筆和雜誌主編、專欄作家以及著名電視節目主持人等似乎坎坷又時有收益的非同平常生活與經歷。今時以「楊錦麟這傢伙」為題，把楊錦麟崢嶸的生命、率真的性情、過人的睿智，一一借用近似漫畫然又鮮活的文字勾畫了了。

　　也許是由於近距離的接觸和觀察，楊錦麟這傢伙戲劇般的命運轉折、喜怒哀樂的生活臉譜、無可奈何的憂樂情懷，首次於楊氏女性化的文字中自然流走。尤其是一些堪稱第一手資料的獨家揭露，提升了《楊錦麟這傢伙》（嶽麓書社 2006 年 4 月版）與對楊錦麟這傢伙的看點。

　　曾經是時人不曉的出身不好的「黑五類」分子，現在成為了眾人關注的香港鳳凰衛視品牌讀報人。曾經在八年知青歲月中，帶著

贖罪的虔誠，幹農活直累得尿血，落下腰肌勞損，終身無法痊癒；而今時告別了大學副教授的講席，結束了「技術含量」頗高的賣文生涯，在香港鳳凰衛視主持《有報天天讀》紅了、火了。雖說欄目名稱似乎有些慣用「文革」的政治色彩，一襲「毛主席語錄天天讀」模樣衝擊中年人的記憶神經，但在帶有濃濃閩南調的楊錦麟口中，成了新鮮有趣的知識接受與時事關心。

能堅持每天以變音國語、臃腫身材、平凡長相和年過半百的形象，在鳳凰衛視新檔節目中把海內外華文紙質媒體訊息精華以「評說」的方式介紹給觀眾，滿足生活節奏快、沒時間閱讀報紙的電視觀眾對於報紙訊息全方位、多視角的訊息需求，需要知識和閱歷的充分表現，也需要修為與心性的自然張揚。

人才難得，怪不得劉大當家愛惜楊錦麟這傢伙，他知道與自己一樣有著知青生活和闖蕩生命的楊錦麟，因苦得樂，因禍得福，因難而進，從而懂得了中國的自強不息，明白了人生的奮鬥不倦，敢於用一副老鳥的信仰和精神把每一天的報讀好，讀出真學問、真智慧和真見地。

楊錦麟讀報，能以自己的生活歷練為評說素材，一改他人引經據典的說教方式，歸納自身，推論天下，終於可以使得大多數國人同喜同悲感到幾分真實有趣。楊錦麟當過學者，做過學問，出過專論，全憑一股虔誠追求真實的豪勁與個性，在螢幕上言人所不敢言，不僅僅只是為了博取電視觀眾的真喜愛、真佩服而演繹對家事國事天下事「事事憂心」的愛國情懷。

的確，他在那個一時難以說清的年代受過磨難，在近些思潮不斷自新的日子作過掙扎，但他沒有一字半語的怨恨與恐懼，真正地

做到了對觀眾和民眾負責，骨子裏的國家和民族情結永遠都是他願意為之服務的精神象徵。

　　楊華的纖筆流走在一紙素箋，慢慢地刻畫楊錦麟這傢伙的形象，只是沒有選擇平鋪直敘的作法。開篇就是追言 2003 年楊錦麟這個老傢伙身著唐裝、口操閩音，準備在鳳凰衛視的「無限空間」從空空如起步，為天下人天天讀報。

　　就這樣，楊錦麟讀報，勵志、融合，港味被定義在許多細節當中；大杯酒、大塊肉，葷素段子大塊朵頤；結果楊錦麟這傢伙成為了「摟不住的工作狂」，連夫妻幸福生活都戒了三個多月，從此他有了「中華讀報第一人」的雅號，也有了宣揚個體敬業的笑料，當然也有了同事更欽敬、老闆更賞識、觀眾更喜愛的驕人資本。

　　置身香港，國際化的視野，媒體的包裝經驗，不帶任何條條框框限制和長官意志，楊錦麟率性自然，嬉笑怒罵，雖時有發音不準的笑劇上演，但他於規定中發揮，為人性化解讀，盡獻言責使命，就算是一張不年輕不英俊的臉也成就了深具個人風格的節目氣質，哪怕上在非典這一特殊時期也讓中國內地民眾選擇為瞭解外界訊息的最佳管道和最喜歡的節目，在劉長樂的笑眼裏使收視率、人氣指數、觀眾滿意度以及楊氏知名度頻頻飆升。

　　無論是在鼓浪嶼的綠蔭下，還是在古田的貧困中，以及在廈門大學的十年時光、於香港視角中慢慢延長漫漫琢磨的奮鬥歲月，楊錦麟選擇的不是在安逸中委曲式地苟延，而是努力於痛苦和快樂之間尋求精神掙扎及魂靈自信。當老三屆失去陽光的日子，在廣闊天地小作為都談不上，寫成了歷史評傳卻拖了八年才得以付梓出版，輾轉香港頻仍變換身份作過報人寫過專欄幹過評論，這一一的一切

都成就了楊錦麟身兼名評說員與名主持人一時於電視媒質走紅，與鳳凰締結欲斷還連的情緣。

活著，人要有自強不息的精神支撐，也要有有容乃大的行為操守，而曾經精業於史學研究的楊錦麟思維和思想中，有的只是經世致用的主張，以一懷追求真生命的理念對民眾和民族負責。

有生命的人，有非凡的時節，也有普通的寫真。楊錦麟知天命之年，能躋身於電視媒質而引領主持的節目在短時間內享譽華語觀眾口中和心裏，的確是不凡與卓識的全新創造；但，這傢伙依然是有著情欲有著欠缺的俗夫凡胎，照樣在工作或生活中有些情趣盎然的佳話故事。

別人畢業了，他在學校溫讀課本；朋友立業了，他為生計奔波操勞；同年退休了，他開始有了工作「粉絲」。難怪友人笑他狡黠而樂天，「這把年紀出賣色相」，成了明星制的後天受益者。

朋友們讀著身邊「一夜躥紅」的楊錦麟，有人說他的功力和風格是最難學，有人讚他是行文的帶劍書生，有人慕他癲狂是情、通達是性，也有人直呼楊錦麟這廝，更有人歎文人楊錦麟是底蘊成就自信、自信方能從容。朋友們盡情調侃，努力揶揄，更多的還是對血肉之軀的楊錦麟的敬重與歆羨。

書寫一個人，有些人喜歡肆意發掘傳主過多的隱私，尋求讀者的最大開心與悅讀。而楊華女士對楊錦麟的描寫沒有走這種取寵途徑，而是緊緊圍繞楊錦麟作為香港鳳凰衛視的讀報人，把《有報天天讀》節目辦起來、紅起來的主題，兼及傳主對童年、少年和青年磨難生活的回味，最多的筆墨是在勾勒楊錦麟走過艱難、走出困惑、走進成功的步伐與毅力，為我們的閱讀視野提供了一個電視媒體當紅人物的奮鬥歷程與不屈心路。同時，楊華也以一卷《楊錦麟這傢

伙》從側面導引我們走近香港鳳凰衛視，瞭解到它的成功與艱辛，
還有自信和策略。

（原載《中國圖書商報》2006 年 7 月 18 日）

別讓青春成迷惘

　　生活中的每一個人，都要從童年的花園邁上成年的玉階。在這個精彩的過渡中，必然會面對或擁有美麗斑斕的青春。青春充滿生機活力，充滿憧憬夢想，讓尚未經歷的人懷著熱切期待，欲與之產生無限美好的鍾情、歡欣與戀愛。然而，和青春攜手同行，走過陽光風雨的男女，在確立人生觀、世界觀與價值觀的同時，總或多或少有些喬恩・薩維奇所描述的深刻記憶。

　　出生於 1953 年的英國著名作家、播音員和音樂記者喬恩・薩維奇，沒有經歷過波瀾壯闊但滿是腥風血雨的國際性戰爭，沒有耳濡目染特殊歷史時期年輕人特有的躁動不安。但從在二戰中有過出色表現的父親、喜愛爵士樂與美國流行音樂的外公那裏，感受了 20 世紀上半葉年輕人物的青春心理。他繼 1991 年出版《英格蘭的夢想》，成為龐克音樂文化史上一部帶有里程碑性質的作品後，於 2007 年推出近 58 萬字的《青春無羈：狂飆時代的社會運動（1875-1945）》（章豔、魏哲、徐夢迪、嚴瑩譯，吉林出版集團有限責任公司 2010 年 4 月版），結合記錄、詮解流行音樂、奇異服飾等時尚文化的社會影響，再次打造經典性風味，將驚心動魄的歷史真相敘述在嶄新筆墨中，讓生動細節注釋見微知著、去偽存真的世界真理，如實地記述了西方現代青少年文化發展的真實歷程，展現了歐美兩大陸半個多世紀的現代社會思想史。

　　人們忘不了 20 世紀六七十年代越戰引發的反戰情緒，忘不了貼滿美國標籤的嬉皮士風格與所謂自由開放的現代意識。而在此前，吸毒、賭博、兇殺、偷竊、自殺與性放縱等，一系列現代社會青少年犯罪現象，便已屢禁不止，氾濫一時。從 20 世紀 20 年代黑人哈萊姆復興和「搖擺女郎」、30 年代搖擺舞熱、「阻特裝青年」與「紮阻一族」，到後來的「被垮掉的一代」相繼而生，影響著懵懂心理的發育成長，也為喬恩・薩維奇的思考與寫作提供了鮮活的題材，他把視角直接切入到 1875-1945 年這一段可怕的工業文明階段。

　　狂放不羈的年輕人，無法抵禦動盪社會施與的巨大壓力與負擔。他們在與冷酷現實、痛苦情緒相互角力的同時，深受現代多元文化庸俗成分影響，選擇了放棄正常生活與個體情緒躁動，跟隨沉淪走在麻醉與清醒的懸崖邊緣。家庭、學校、社會及國家權力機構，對於他們艱難的成長，除了進行威權式的規範外，就是孳生各種各樣的隱惡影響他們的情感和精神，而幾乎沒有理性有效的心理諮詢和疏導服務，使他們面對毒品、性等的誘惑時，缺乏自我克制與反抗的意識。他們不知道要對生理不成熟、生活未自立時的衝動，付出慘痛沉重的代價，不但崩壞了社會價值體系，而且將倫理道德觀念踩入泥中，更是一次次表現出脾氣惡化、時常發怒且一時興起、不計後果的行為。

　　本有一個富裕生活環境的 17 歲女孩瑪麗・巴什基爾森，居住在有藍綢覆蓋的牆壁、照射著塞夫勒吊燈的臥室裏，深受家庭寵愛。但在盲目的早戀受到家長干預後，她變得暴躁了，學會了飲大量的紅酒，自我認為擁有平肩、豐胸、翹臀和小腳的好身材突然變得醜陋了，又慢慢發現叔叔弟弟經常觸犯法律、父母情感不合而處於分居狀態等家庭窘況。她把這些寫進了日記，寫熱情奔放不為人們理

解，寫對母親遲鈍的厭惡、對家庭節目的反感，寫對陽光和死亡的呼喚神往。她希望用這樣的懺悔方式，宣洩已經紊亂的思緒情感。只有 15 歲的傑西・波默羅伊，已經製造了 10 起無比兇殘的綁架殺人案，就因為對某人的不喜歡，便肆意進行慘不忍睹的虐殺，其中有的受害者僅僅 4 歲。如此殘忍，如同惡狗凶狼，不處以絞刑已屬法律的仁慈。在我們慶幸其被判處終身隔離監禁的同時，不得不反思其成長環境：自小在波士頓貧民區長大，父親酗酒後總是使用暴力，母親為了還債而忙於工作，他只能整日流浪街頭，而在他身邊，多的是無家可歸也無所事事的年輕罪犯、妓女和無賴。

都只有十多歲便開始迷失了自己，而其身邊的大人或直接、或間接地成為了罪惡的推手。生存在這樣使人壓抑、令人窒息的狀態中，青少年僅有的稚氣與童真，必然會為冷酷刻薄的現實吞噬。他們掙扎地選擇苟活，或意欲在毒品侵蝕、性病折磨以及不惜與法律交手的短暫時間中，似乎要徹底地毀棄如玻璃般脆弱的人格和魂靈。他們有享受思想解放、人身權利與文化教育的欲求，但殘酷的現實使他們從幻想快樂的天堂，一步步滑入沒有陽光、鮮花和愛的地獄。貌似追求民主自由的社會現實，很少給予他們精神療救與靈魂贖罪的機會與良藥，而是利用國家權力的聲勢，吸引他們把脖子和命運交給成人鍛煉的教條實行管制。

戰前法國年輕人，試圖走在戰爭的行列，以改變上一代自由主義的籠罩。英國雖偏隔海島，卻有數百萬在命運面前無可奈何的青年，為了改變歷史自願進入軍營。德國的尚武精神愈演愈烈，幾乎所有的年輕人，除了興起過聲勢浩大「候鳥運動」，還帶著對納粹、第三帝國的敬仰迷戀，組建「希特勒青年團」，推行「納粹青年運動」，將法西斯的狂妄思想燒進了又一次世界大戰。在兩次全球戰

事中，數不盡說不清的硝煙炮灰與軍事殺戮中，不知掩埋了多少有著豆蔻年華、青春夢想的可愛青少年。青少年的可愛，早已隨著青春的躁動，銷蝕殆盡了。他們只有無窮的茫然、絕望、恐悚和淡淡的悔恨，伴隨著倖存者慢慢長大。待到他們進入成年階段，卻很少有具體的自省反思，而是強制下一代繼續沿襲他們曾經的迷惘、憂鬱和衝動。

　　工業革命、快速城市化與科學技術的大發展，一邊激勵著青少年產生嚮往自由與享受生活的強烈心理，一邊滋生隨性所欲的近似畸形變態的思想和尋求。喬恩・薩維奇著眼於不同時期的青少年組織和各種文化中的青少年類型，對大蕭條階段經濟困境中夢想幻滅的一代人的社會渴望、政治訴求，進行了冷靜合理的深刻揭示。隨著他精細而凝重的分析，我們可以看到 1875-1904 年間的「日記女孩」的天堂夢想、「惡魔男孩」的地獄計劃、歐洲反革命期間民族主義者與頹廢派藝術家的政治、藝術的選擇，以及《青春期》、《綠野仙蹤》中對性隱蔽的揭示和不可思議的預見；可以看到 1904-1913 年間英國童子軍的狂熱、美國中學生勞工的淒苦、新異教主義的極端與五分錢影院的話劇；可以看到 1912-1919 年間一戰中歐洲青少年與成人之間的代溝與對抗。一大批美國大兵進入了歐羅巴世界，為好戰的年輕人帶來了爵士樂、搖擺舞，戰後的歐美世界開始了 1919-1929 年的社會動盪，新一批年輕人在新型的充滿誘因的美國大眾文化中，追求享樂，更為叛逆，為 1930-1939 年法西斯勢力的非常生長、惡性膨脹和 1939-1943 年征服與反征服、1943-1945 年的納粹歐洲的抵抗運動，準備了新鮮的年輕力量。雖然最後青少年走進了生活的元年，但受美國娛樂文化、消費主義與社會運動等感染的他們，並沒有從根本上走出青春無羈的狂飆時代。

　　喬恩‧薩維奇通過觀察 1875-1945 年間美、英、法、德四國青年社會現狀，發現不同的時代、不同的國家，青年對社會風潮的洞察與敏感，雖有不同形式的表現，但在實質上、精神上都十分接近。不論他們扮演什麼樣的角色，都曾是勇敢的先鋒、易受蠱惑的信徒、信奉享樂的實踐者，甚至是推動戰事的亢奮者與接受戰局的敗亡者……然而，他們雖沒有循規蹈矩地置身在成人的思維中成長，甚至險些為人們所忽視，但未來時代和人類歷史，仍然會選擇他們作為社會主體。作者結合不同的個人證詞、虛構作品、流行文化、媒體報導及政府策略等，對 1875-1945 年狂飆時代的社會運動中青年社會發展圖像與背景，作出了真實描述。他剖析不羈青年的叛逆行為與怪異情緒，試圖用平靜的事實反映人們試圖定義、說明與控制青春期的歷史，更是在形諸一部具有現實意義和普世價值的青年思想史、文化史以及生活史的同時，忠告從青年時代走過來的成人們不但要關心青少年身體成長，更應關注他們情感、興趣、理念與思想方面的成熟與優化，而不宜曲解、誤視與遏制青春的本性，製造更多的不必要的嚴控、武斷框架，強迫他們在尋求擺脫中進行不計一切後果的反抗，使美麗的青春中飄蕩迷惘、怪異和恐怖的腥臭。

　　在當下生活中，我們總能看到許多青少年問題悲劇發生。諸如無知少女帶兩個男孩回家同睡，遭到祖母責罵時，便狠心勒死扶養自己的老人，面對員警訊問，其竟然認為祖母不該責備她；在時而爆出高校研究生自殺新聞的同時，狂躁大學生不堪諸多壓力，拿起利刃揮向同窗室友，早已打破了校園的平靜；某一 16 歲高中女生出錢雇人破處，只因同學說大家都非完璧，其為另類，如此蒙昧，儡人心神。近日一期美國著名主持人奧普拉的脫口秀節目中，新晉奧斯卡最佳女配角莫妮克承認，從 7 歲開始就遭 13 歲的親哥哥強暴，

直到其 11 歲才止。其獸性的哥哥雖然後來口口聲聲說道歉，卻將一切過失歸咎於自己當時吸毒和酗酒的關係，而他們的父母，在得知人倫慘劇後，除了有點兒譴責女兒不該將家醜外揚，就是歸因於兄妹相處得太好太親密。凡此等等，觸目驚心。

　　青少年作為一個特殊的社會群體，不是大眾輿論所能培養的天才或怪胎。我們在考察當下善惡雜陳、淺薄叢生的社會環境、文化傳媒對其影響時，更需剖析沉迷網路、早戀、性開放、吸毒、自殺與狂躁殺人等的社會問題，尋找解決青少年不良成長的對策與辦法。當前已有許多專家學者和有志之士，殫精竭慮地從事此領域的思考、研究，章豔、魏哲、徐夢迪、嚴瑩利用自己擅長的翻譯手段，在一個傳遞思想、記錄歷史和促人思考的過程中，把一個非簡單文字轉換的程式、一個宣導寬容對待的態度，上升到一個警醒世人、審視現實的層面，履行有責任感、時代感的知識分子的擔當與使命。我們在深思諸多青少年現實問題的同時，期待拚命賺錢的父母們、努力工作的教師們，讀讀《青春無羈：狂飆時代的社會運動（1875-1945）》，理解喬恩・薩維奇的行文意圖，也以此為鏡，避免更多的現代荒唐事件發生。

（原載《圖書館報》2010 年 7 月 23 日）

那些美麗的她

　　生活在現實世界中，不障眼於繁華、紛擾和迷茫，輕鬆而為，快樂處之，要有一種清醒與理想。什麼是瀟灑，什麼是知性，不少女人願意傾注深情、傾盡全力，認認真真大大方方表現一番，用讓其他女性歆羨、令身邊男子回味的許許多多精彩，印證一次最難的還是做個好女人。能把好女人，直截了當地視之為換觀念、開眼界的學校，當是霍紅的專利與創新。

　　做一個光彩照人的女人，是否真的難，或是真的容易，應該不是簡單的一句話語、一次行動所能解析清楚，但是，霍紅的女性人物隨筆系列《好女人是所學校》（湖南人民出版社 2009 年 1 月版），可以讓你我隨著其中不乏感性靈光閃爍的文字，看個清清楚楚明明白白。在她清新的敘述中，一連串智慧女性所說的一連串智慧語錄，系統地圍繞女人話題，演繹了一次妙語連珠，如若三陽中的清風嫋嫋而來。同樣是女人，同樣是做女人，李銀河說「我們說我們是女人，我們要爭取女人的權利，這只是一種策略」，郝璐璐說「我為自己做主」，張越說「選擇你喜歡並且最適合的生活方式，然後做一個內心自由和快樂的女人」，徐俐說「做女人是一種態度」，徐晶說「女人就是善待自己」，于西蔓說「美是女人一種持續不斷地、堅忍不拔地對自己的關心」……這些女人，已經不再傷痛於又長又臭的裹腳布的捆縛，也不用為婦女翻身事業掀起怵目驚心的解放運動，她們的女權主義宣言可以大聲說出、切實履行了，雖都是半老

徐娘的身份，但又是資深美女的形象，說出的話兒，做出的行動，給人的不但是感染，更多的是一種震撼。每一句話，都實實在在，找不到做作的痕跡，最有意思的還是近年被炒成紅得發紫但沒變黑的楊二車娜姆，說出一句「我的出身不高貴，所以我現在要追求高貴；我長得不漂亮，但是我可以活得漂亮」，給平常似乎有些大男人思想的我，有了不少啟發。

霍紅筆下的女人們，雖然都談不上多少國色天香、傾國傾城，然而，這些沒有進過特定名媛學堂的女人，對於人生、事業、愛情、婚姻、家庭、社會以及自由權利的理解，的的確確有著非同一般的模範價值。霍紅與她們相遇在螢幕之中或其他場合，不論是通過可放慢、可拉長的鏡頭，還是通過近距離接觸、短時間交談，慢慢形成了仔細洞察、靜心體悟的習慣。終於，從業電視策劃、擅長文字描繪的她，找到了自己發現的、也是大家需要的側重點。那些美麗的她，如學者李小江、李銀河、劉伯紅，傳媒精英徐俐、陳魯豫、吳小莉、洪晃，文藝創作者張抗抗、梁子、王海鴒、喻紅，時尚界教母級人物徐晶、于西蔓、小雪、姜培琳、張曉梅，二十四位夾帶著或多或少小資情感的女性，一一為霍紅提供了找尋美、記敘美、傳播美的言行舉止，也許是一顰一笑，也許是長篇大論。

在同樣有著不少小資情感的霍紅那裏，她思考過那群美麗女人為什麼人生精彩活得灑脫、為什麼享譽社會引人關注，為什麼可以自由出入高端人群，為什麼一句話、一段文字都在影響周邊的人。她把這些經過與感想寫了下來，為之宣傳：「她們是中國最有思想的女人，她們是最為傳媒關注的女人，她們在各自的領域解密中國女人成功的密碼，她們每一個故事都是女人的經典，每一個細節都是女人的感動。」在她看來，這些一直用有思想的文化影響中國的

優秀女人，可以說是成功女性、女強人，然更多的應該屬於新時期的名媛。她在不經意之間，發現了她們身上有前輩秀雅女子遺留的眉目神情，同時亦發現今天的她們勝於古代女子的自立、自強。她解讀當代中國名媛，沒有因為她們的成功而歸結於男性化，她們是女人，更是和男人一般自由平等、一樣創新開拓的人，如此思想，自是切合百十年來女權主義發展與沉澱的主題思想。

霍紅曾經在她的節目《21世紀我們做女人》中，用優秀女人的故事，短時間地感動了無數女性；今天，她又用她的新書《好女人是所學校》，固定那些傑出女性的言行，讓更多的人長時期地借鑒。無論是對她們素描，或是與她們對話，還是連結她們在長沙電視女性頻道演講的語錄，聽她們談情感選擇，談人生堅持，談對當下敏感的下崗、婚姻、就業諸多問題的看法，談成年男女繞不開的性生活，雖見仁見智，亦是坦然真誠、冷靜平實，讓你很難找到她們女強人、女名人的架子。重新認識她們、走近她們、鑒賞她們，可以是女人，可以是男人，可以是豆蔻年華的姑娘小夥，也可以是走近夕陽的白髮老人，他們都年輕過或正年輕。如果僅僅把《好女人是所學校》，視為閑婦闊太的讀物，那就無所謂傳遞女性風采、女權思想了。

關在金絲籠中的鳥兒，是沒有春天的，而心甘情願依附在男人背後養尊處優、穿金戴銀，能有幾位可愛有趣的女子享受著「婦女能頂半邊天」的愛情和樂趣呢？說不清楚。也不知道從什麼時候開始，確乎有不少女子喜歡做男人籠中的高貴鳥，以此作為炫耀攀比的資本，但有幾人還記得或讀懂了舒婷《致橡樹》呢？更是難說。《好女人是所學校》中的女性們，都有讓人豔羨眼紅的機遇、財富與良好的背景條件，但是，霍紅對此沒有多少興趣，她不願重演李

銀河、陳魯豫、于西蔓們的美麗故事，卻讓自己、也想引著人們解讀她們的思想體系，輕輕鬆鬆地感受她們的思想精髓與生活態度。在她的感受中，人家的技巧與方式，雖不斷創新但已為陳舊，而積累沉澱有益自身的，是她們的思想，是她們的觀念，是她們的眼界，這些自然流露的意識，如同女兒紅，歷久彌香，逾久尤新。

　　這一系列女性人物隨筆，有的寫於七八年前，有的寫於近些時候，雖經霍紅重新梳理、精心解構，而現在讀來，仍覺清鮮，絲毫沒有過時的陳味與老氣。她所涵養的原生態味道，依舊耐人回味，當然，她也沒忘增添與時俱進的新料。鳳凰衛視當家花旦之一的陳魯豫，雖已不「說新聞」而「講故事」，定期與觀眾相約於湖南衛視，但霍紅筆下的過去式描繪仍妙趣頻生。霍紅在非權力話語中敘述的女人們，各個都是有趣可愛，如洪晃隨便一個博客能引發一場關於饅頭的爭議，葉鶯一雙高跟鞋、一條超短裙可以贏得滿堂彩，梁子昨天走在非洲叢林披荊斬棘今天端坐北京家中做 SPA⋯⋯不論是聽陳新欣告訴女人如何做愛的性福，還是感受張越犀利、幽默、靈性和大氣的性情生活，或是與飛翔的天鵝——馬妮探討女性形體、心靈美的秘密法則，你都找到《好女人是所學校》的魅力、情趣以及獨特之處。這些美麗的女人，善於發揮自己的優點，樂於傳播自己的思想，也擅長於引導更多的你舒展自己的長處。

（原載《南方都市報》2009 年 7 月 16 日）

商道中不可逾越的底線

　　三國英雄關羽雖然有過大意失荊州、敗走麥城的悲壯，但「溫酒斬華雄」、「過五關斬六將」、「單刀赴會」及「水淹七軍」一類的佳話，無一不是謳贊其英武豪傑。千百年過去了，他早已魂飛湮滅，但民間朝野對其祭祀歷久尤盛，被奉為關公、封為關聖帝君、尊為武聖與萬代師表的文聖孔子齊名，甚為佛家推崇為蓋天古佛、伽藍菩薩。究其原因，均與其忠義事主、人在曹營心在漢有關。即便今日，亦有不少人家商號或廟宇高堂，供奉著關老爺的尊像或牌位。大導演張藝謀也曾藉關公典故，演繹一幕現代版的「千里走單騎」，著實火了一把。

　　1656 年至 1888 年的二百餘年間，山西商人在全國各地建設了一座接一座的會館，但無論何地、不管大小，其中心建築則為關公殿。此意何為，且看曹培紅的《忠義的資本》（金城出版社 2010 年1 月版），便會知曉其中的奧秘淵源，洞察到於明清之際晉商漸趨鼎盛成為中國第一商幫的真實原因。

　　晉商史可追溯至先秦晉南貿易活動，秦漢時有太原、平陸、平遙、汾陽等地為重要商品集散市場，唐朝的建立端賴山西商人的大力資助，宋代晉商與徽商並稱中國商業的中堅力量。及至明末，一些山西商人以張家口為基地，往返關內外，從事販貿活動，為後金政權輸送物資，甚至傳遞文書情報。待滿人入主中原，大力支持晉商呈強勢發展，至八國聯軍入侵，慈禧為償款便向晉商喬家求借。

晉商經營鹽業、票號，大振聲勢，不但在全國各地均有大小貿易市場，而且在俄羅斯、朝鮮、日本多有商業往來。但由於種種原因，清末民初起晉商日漸式微，除後有孔祥熙、李彥宏與郭台銘顯赫當時外，在中國經濟舞台上趨向平淡，同時留下了原本豐厚卻瀕臨低迷的晉商文化。自 1980 年代改革開放以來，關於晉商的著述接連問世，學者余秋雨以通俗筆墨寫出《抱愧山西》誘引人們走近著名的喬家大院、常家莊園、王家大院、渠家大院、曹家三多堂等傳統建築，後有的歷史小說《喬家大院》與同名電視劇暢銷熱播，再一次讓人們熟悉了晉商誠信為本的商業精神和文化內涵。

曹培紅作為晉商後人，從 2000 年起開始深入晉商研究，實地考察晉商古道、商號、大院、會館等遺址，除發起「走西口遊」、「遊學晉商」活動外，還創辦山西會館網、自號網名曹東家，更是寫出《忠義的資本》，讓更多的人在經濟高速發展、信用逐漸缺失、道德日趨淪喪的時代，在深層次上認識晉商仁信忠義的精神特質。

晉商成幫，享富二十四代，榮耀五百多年，其商業本質乃崇尚關公的忠義仁勇為信仰，兼備敬信和智傑的基本品質，謀求相與共贏之大利。曹培紅長期閱讀晉商的歷史與故事，感喟先輩忠義經營的商道精神與品德，在《忠義的資本》開篇即解剖忠義的資本結構示意圖，讓人們知悉晉商長富久榮的謀利真諦。是書分為三部分，重心為一二部分的忠義的價值觀和忠義信的商人；第三部分為附錄，然有益於對於我們瞭解全國各地部分晉商會館與晉商商業諺語錄。他以「忠、義、仁、勇、敬、信、和、智、傑」構成的忠義九字綱領，結合生動有趣的商業故事、商戰案例，及所體會的晉商文化精髓、經商道德操守，一一作了簡要但又精到的分析。他的思路是清晰的，他要使人們真正認識到山西人為何選擇關公為經商的精

神偶像，如何形成忠義的發展資本、商業精神與信義的運營模式，怎樣傳承「受人之托，忠人之事」、「以商入世、忠義傳家」的義利觀。

書中的商業史實，如談及曾有外商不聽勸告在關帝殿逼演「走麥城」而遭天火報應，或讚揚老晉商與顧客親如一家，或評議代人受過掘得第一桶金、少東家膝下有黃金，如此等等，作者都是深入淺出、由遠及近地說明晉商的選擇與堅持，闡釋清楚作為中國商業文化代表的晉商文化的源流和衍化。

晉人經商，團結於內，誠信對外，出現了不少類似喬致庸一般的商業奇才，積累了豐富的商業運作、市場預算、專案擇取等商戰技巧，也形成過常家、聶家、曹家、喬家、渠家、李家等雄厚的家族資本。而其在制度創新、人才使用上，自是勝於其他商業文化群體。晉商在各地籌辦會館，既尊崇關公的忠義而不容懈怠，又成就商幫形諸強勢而遏制內部殘殺，且推行慈善義舉方便他人而影響天下，旗幟鮮明地促使會館建設制度化，在那個仰仗馬車代步、書函通訊的時代，他們已經走在雖已有大規模商幫的徽商、潮商、浙商的前面。

在人事制度上，晉商在雍正時代即已開始任用類似今日職業經理人，如經營茶葉貿易的康家遭遇國事變更的影響，老闆滯留國外難歸，兄長能力有限；其子少不更事，但主動請號內掌櫃出任大掌櫃代理經營權。幾年過去，國際貿易開放，康佳由於提前做好準備，創益巨大。而在同治年間的平遙，天成綢布貨行改組為天成亨票號，東家武子建自知內力不濟，果敢地約請曾為天成夥計今在家盡孝侍親的侯王賓出任大掌櫃，此後二十餘年，侯氏執號，使得利潤遠勝於一般票號。東家放權，掌櫃經營，僅憑忠義與誠信，加大了行政

權與經營權分開後的商業價值積累，為晉商文化史增添了許多可圈可點的佳話。

單就資本積累而言，晉商最大的尋求仍是巨厚利潤，沒有這些，其縱有俠義心腸、肝膽相照的風範，也是空乏的笑談。只不過他們熟稔取之正當、勝之義勇的商道，且把誠信上升到忠義層面，形成特有的群體文化嘉惠八方承傳數百年。不能說晉人經商不行一絲詭計半縷狡詐，但他們切實重義而求利，審慎崇信而致富，在不斷創造商業財富時努力維護公眾利益，在道德底線面前不敢妄自逾越。

翻讀《忠義的資本》，我們除了循著曹培紅耐讀有為的流利文字讀到了許多關於晉商的忠義故事，還隨著同為晉商後裔的榮浪的鏡頭看到了昔日晉商行跡、遺址、會館與院宅遺存的風貌。在巧妙結合、互為補證的圖文中間，我已清晰感知到深厚的晉商文化與剛毅的晉商精神。

曾聽一曲山西民歌《走西口》，淒慘悲切，唱出了昔日晉商成長的悲涼和艱辛，然那一代代傑出的山西人篳路藍縷、迎風戰雨、忠義經營，成就了晉商的輝煌與晉商文化的精彩。祖籍山西晉城的郭台銘也曾是白手起家，艱難經營，風雨數十年，終於建起了享譽世界的富士康王國，而其低調聞世，對於《華爾街日報》的採訪要求一直置之不理。晉商後人能有如此作風，讓人嘆服，而曹培紅筆下的、榮浪鏡頭中的晉商風采，使我深信其中獨有的韻味和內涵，不然《紐約時報》豈能於 2009 年 3 月 18 日推出平遙專刊，追思凋落的白銀時代留存的晉商的「精神氣」，「如今，伴隨起源於美國銀行業危機的全球經濟衰退，中國經濟的爆炸式增長開始放緩，平遙的興衰恰恰可以當作一個值得警醒的故事來解讀」。可以說，無論是時報執筆者，還是曹培紅們，重溫晉商文化，看重的不是晉商

昔日的財富創造，而是他們永不褪色的信用堅守與始終謹守的商道底線，其實這也是一種崇高的社會責任與商業擔當。遺憾的是近年來豆腐渣工程、三鹿奶粉事件、雷曼兄弟破產、迪拜世界公司垮台等，層出不窮。寫到這裏，我覺得商人們應該靜心想想緣何曹、榮二氏在《忠義的資本》中讚揚「晉商是個好榜樣」。

（原載《中國商界》2010 年第 5 期）

和霍金一起逛宇宙

　　宇宙中的秘密，無窮無盡也陌生稀奇，雖然相對於生長在地球上的我們而言，可以說都是一種美麗的奧秘。長期以來，像鄭淵潔等作家的童話作品，帶著鮮明的科幻色彩，除了在大量篇幅中寫滿地球之外的可愛、遙想大千世界的綺麗外，就是創造著描繪宇宙的科學幻想。但，又有幾人能同史蒂芬・霍金、露西・霍金、克里斯多夫・加爾法德那樣，藉著自己熟悉的研究領域和成果，寫出《喬治開啟宇宙的秘密鑰匙》（杜欣欣譯，湖南科技出版社 2008 年 4 月版）這般奇麗的書呢？我想，應該不是很多，甚至可以說是獨一無二。是否真的如此，還得我們認認真真地翻讀其中的文字，說不定不時的驚喜和神奇，如同夏夜中的微風，清清涼涼又真真切切，讓你感受到許許多多的樂趣與不同。

　　作為被公認是愛因斯坦以後最傑出的理論物理學家，霍金以活脫通俗的文字，講述著非純理論純科學的話語。如果一定要給他的語言定一個性的話，有趣又過癮，好玩而充滿童真且不乏真知，而且時而會冒出智慧的光亮。不然，他的成人版著作《時間簡史》，絕不會被翻譯為 30 多種文字，並在全世界暢銷了 1200 萬冊以上。這次雖是和他的女兒露西等人共同寫作，但堅持的還是他那能讓大眾尤其是青少年兒童看得懂的行文方式，選擇的風格，足以帶領讀者接近宇宙中的深遠處。

　　雖然是首次為青少年兒童撰寫作品，但科學大師們的童趣文字，充滿了歡樂和美的期待，所表現的情節，可能是想像的，但創造的事實離我們並不遙遠，甚至就在明天或者不久的將來，讓我們成為主人公。作者熱切希望能夠把真正的科學弄得像科幻小說一樣，引起讀者的閱讀興趣，領著孩子們進入探索時間和神秘宇宙的奇幻旅程，去感知浩瀚宇宙的並不陌生和親切。

　　作為寫著真科學真理論的科幻小說，文本具有生動有趣等諸多文學作品特徵，三十二章的結構安排，有邏輯，也有時代的意義。故事主角喬治出生於一個非常重視環保的家庭，是一個單純內向的孩子，衣著用品有些過時，常常受到同學們的欺負，但他對科學滿懷好奇近似癡迷，默默地在其中尋找著樂趣來沖淡發生於學校裏的種種不快，慢慢地讓自己的人生閃爍著明亮的光度。緣於一次去鄰居家找回自己的豬，幸運地遇到了宇宙學家埃里克。就在埃里克研製的超級電腦 Cosmos 協助下，喬治和埃里克的女兒安妮暢遊太空，還曾經一起搭乘彗星造訪木星、土星，並在小行星暴中遇險……一次美麗的天地遨遊，一次驚奇的宇宙觀賞，喬治「發現自己進入了一個極為有趣的冒險旅程，獲得了有關時間和宇宙的知識」，這些科學的真實情趣，要遠比待在後院和豬混日子的意味要愜意得許多。於是，有了霍金們寫成如同「開啟宇宙的秘密鑰匙」的美妙故事。天空飄動著雲彩，快樂逍遙；宇宙翱翔著我們，青春年少。如果哪天，學會指揮起宇宙，不大不小；明白什麼是聰明，能說能道。採一路清風編織花衣裳，讓歌聲飛針走線，非常奇妙。搖一身星光無憂也自在，讓枯燥悄悄消失，輕鬆美好。這些雖然都是美麗的幻想，但在作者和讀者真誠思想交流之後，都能發現，一切的一切，都不是一個奇怪的夢。如果你仔細讀過其中的文字，不難看到埃里

克身上的霍金影子，甚至可以說埃里克就是霍金。童書中提到的一些理論和著作，如量子力學、統一弦論、《黑洞》，也正是霍金本人研究所得。就連那台超級電腦 Cosmos，也是他目前從事研究的電腦的名字，只是被作者賦予了豐富的人情味而已。

霍金們的創意和思考，緊緊地圍繞宇宙進行展開，描寫了一個不可預期但毋庸置疑的科學構想。宇宙論是一門既古老又年輕的學科，從亞里斯多德、托勒密的地心學說到哥白尼、伽利略的日心說的演化，就花了 2000 多年的時間。儘管人們知道世間的一切都在運動，但是到了 20 世紀 20 年代因哈勃發現了紅移定律後，宇宙演化的觀念才進入人類的意識。而令人吃驚又極富魅力的是，身體的殘疾日益嚴重的霍金，卻力圖像普通人一樣生活和工作，完成自己所能做到而其他人望塵莫及的任何事情。他給予了宇宙學研究以文學藝術氣質，使黑洞和宇宙變成了日常生活的一部分，激勵了人們的好奇心，豐富了人類的精神生活，更是破除了將科學非人性化的傾向。現在閱讀《喬治開啟宇宙的秘密鑰匙》之後，仰望星空，把思想的觸角延伸到那遼闊的未知疆域，或許會想像到蘊藏其中的更多秘密。

宇宙之中，是否如斯蒂芬・霍金在美國華盛頓大學發表演講時所說，在地球之外的其他星球上可能存在原始生命，人類正在進入一個新的太空探索時代？這個只能說是一個科學的猜想。思想飛翔而行動呆滯的他，也只能作如此判斷。但，在故事最後喬治因科學比賽中贏得首獎時，作者借助喬治在講演中提出，我們要開啟宇宙，實際上不需要實體的鑰匙，但需要一片非實體的鑰匙──物理學。作者設想著，我們也知道，喬治的成功象徵著正義戰勝邪惡，科學戰勝蒙昧，甚至可以視為人類認識新的太空探索時代的開始。

　　科學巨匠寫作科幻小說，他們拒絕了乾癟癟枯燥燥地平鋪直敘，選擇著鮮活活新嶄嶄的精緻架構，在其中設置了一系列矛盾：喬治父母認為科學技術危害地球環境，拒絕使用現代科技產品；喬治單純樸素，卻不為同學們喜歡。尤為驚心動魄的是，埃里克中了以前的同事雷帕博士的詭計，險些被一顆黑洞吃掉。幸運的是，埃里克研究出從黑洞中逃逸的理論，喬治、安妮和安妮母親在地球上歷盡艱難險阻，找回被竊的 Cosmos，讓可愛的電腦機器以埃里克理論為依據，從外太空收集並恢復落入黑洞的物體的訊息，用此訊息重構埃里克，將埃里克救出黑洞。從而，作者向人類發出驚世的警語──科學只能被用來謀取人類的福祉，絕不能用於相反的目的。作為一個科學家，能有這樣的理性認識，是全人類的幸運與福分。

　　自工業革命甚至是從更早時代以來，人們想得最多是如何生活得美好，很少去關注自己的生存環境並做一些有益的事情，久而久之，一系列的問題悄然而至，讓我們防不勝防。作者是自然科學的研究者，更是滿懷憂樂情思的性情中人，既探索著更多的為人類利用的資源開發途徑，又要為地球和宇宙思考了長久生存的事情。他們通過喬治向世人提醒，當今世界環境由於人類貪欲無限制的開發，而受到了嚴重破壞，必須在百年之內在外太空找到人類的新家，保護地球和尋找新家已是同等重要。在我們的思維中，再能像哥倫布那樣發現新大陸，就是一件匪夷所思的事情，而霍金提出「宇宙大發現」，是不是天方夜譚，暫時不能做結論。然而，往往近似偏頗的理性主張，偏偏會因為一些鮮實的意思為人類闖出新的勝境。這一切，關鍵看我們如何選擇和堅持。

　　科學大師寫作「兒童科普三部曲」，而且盡最大能量地保持童心，甚至要學用兒童的語言，創新天真的思維，可能會被正統科學

研究學家們不屑。但是，又有幾位大科學家或幾個大作家，願意心平氣和而滿懷激情，為最廣大的孩子們寫寫最真實的科普文字呢？霍金等人的行為，對於世人特別是青少年兒童，不能不說是注射了另類的精神滋養。和文字一樣有趣的是，加里·帕森斯專心為圖書設計的大量插圖，幽情洋溢而不誇張，詼諧頻生但不奇異，完全貼近文字所需，也符合青少年兒童閱讀特點。不論是文字作者的良苦用心，還是插圖作者的巧妙精心，還有譯者的坦誠慧心，所有的努力，都是心向一處，把真實的科學告訴每一個人、每一顆心。太空是人類的未來家園，兒童是人類的希望歸依，能夠以一系列如《喬治開啟宇宙的秘密鑰匙》的書本，吸引孩子們對宇宙物質產生興趣，熟悉宇宙，瞭解宇宙，開發宇宙，將會起到一種神奇的宣傳書作用，把美的科學種子撒播所有的心田，為其他人文關懷、物質激勵所無法替代、難以企及。

（原載《新京報》2008 年 7 月 19 日）

衡嶽門券寫幽情

　　時下民俗收藏日見熾熱，淘寶大軍數以千萬計，郵票、火花、門券、錢幣、瓷器、玉器以及古舊傢俱，更是熱門項目，大多皆有藝術品投資的長遠目標。回雁峰下的蔡八一，自是性情中人，歷史科班出身，長年躬耕新聞田畝之間，愛好收藏，也想做好一名民俗文化的弘揚者。有趣的是，他選擇南嶽衡山門券這一專題，窮盡十餘年心思，集聚二十多載精粹，還寫出了一卷圖文同茂的《南嶽衡山門券探微》（湖南人民出版社 2007 年 7 月版），從文化的角度，勾勒出了衡嶽門券的當代歷史。

　　江南唯一一嶽，為衡山傳載文化內涵的，已非常人珍視的人文風物和宗教共榮。哪怕是一根樹木、一張門券，都是見證著風雲的變化鼎革。尤其是門券，它往往是人們平常不介意隨手擲去的小玩意，但又偏偏是歷史承傳的忠實記錄憑證。一個媒體人，依憑強烈的社會責任感，傾盡所能，收藏南嶽衡山的門券，並展開系列化研究，非常難得。

　　蔡八一是一個有心之人，長時間地積聚南嶽的各種門券，分門別類，在《南嶽衡山門券探微》中，和世人一起，較為全面地親近衡山的進山、大廟、景點和活動四大類門券。前後 101 篇專論文章，寫出了一種特定門券的嬗變，記述了一方名勝風情的可愛。閱讀這些充滿真情實感的文字，樂趣不時飄逸出來，騰挪有致，讓人心中悄然感知到幾許清靜與亮麗。

　　文明奧區，五嶽獨秀。在作者看來，南嶽衡山的早期進山門券，較之於其他景點，用紙講究，印製精美，還有燙金的南嶽字樣，但好景不長，後來的日趨一般。聊以欣慰的是，券面設計依然有幾分妙處，尤其是在角券和元券上出現衡山二字，給人的感覺更是親切。在南嶽衡山門券上，時刻體現著以人為本的思想，有些超前意識的在參觀券面，清晰標出導遊圖和藏經殿、麻姑仙境、福嚴寺、南台寺、黃庭觀、南嶽大廟、祝融峰、上封寺、南天門、玄都觀、忠烈祠、祝聖寺等 12 處景觀，路線鮮明，風采獨有，與人方便和近乎。作者的行文和思緒，並不紊亂，對每一具體門券都作了情趣盎然的說明，哪個名家的欣然題詞，什麼地方的時代價格，等等，都有著不失明瞭的解析。

　　蔡八一沒有單一地羅列事實，對具體的門券，他有著平靜的理解和評判。如一張題為「遊名山勝地，觀四時佳景」的門券，祝融峰之高、藏經殿之秀、水濂洞之奇、方廣寺之深，歷歷在目；春觀花、夏看雲、秋望日、冬賞雪，時時滿眼。然而，其上用「南嶽大廟之雄」的圖片，替代著「方廣寺之深」，讓他讀出了納悶和深層次思索。文化研究者的心思常常是縝密的，尤其是有著不少新聞把握經驗的人，他的心力可謂是無孔不入。從地攤上淘得的一張南嶽大廟門券，發售日期是 1979 年 11 月 15 日，讓他驚喜不已。雖然票面沒有標示價格和編號，更不用說有著稅務監製章印記，但還是被細心的他明白了一個事實，那就是資料記載不一定準確。因為這一偶然的發現，將現行所知道的大廟門券製發時間，整整提前了三年。

　　蔡八一把收藏視為集藏，普通也平常，尋常百姓人家借著此番興趣，既得了修養心性的幾分妙趣，又侵佔了玩牌搓麻將的閒時間，樂此不疲，慢慢地有了一種境界。面對花花綠綠的門券，他寫

出了不同時期的文化表現，探索著不同式樣的製作內涵。一張大廟半價門票，真正區別了成人票和兒童票，使他感覺了一種爽快。一組 12 位元數字的出現，實現了稅務監督，讓他又一次尋找到愜意。身處衡嶽懷抱，久受千年猶盛的馨香薰染，南嶽衡山門券珍藏多了，不寫些文字簡說心路歷程，亦不痛快。閒暇寧神，夜深疾筆，一連串文章在《衡陽晚報・集藏齋》專版，自成系列，蔚然大觀。後以專欄名為題，裒集成書，將其情有獨鍾的門券收藏之道，用苦樂寧靜的纖線縫紉出彩。行文中，沒有枯澀的鑒定闡釋；結構中，不是見物不見情的模式。遺憾的是，裝幀設計時過於考慮了追求大氣，而沒有將彩色圖片鑲嵌於相關文字之中，只是將門券影印文後，致使流利的文字中不時出現圖片標碼，或需揭頁尋找。自然流走的文字和圖片，本能一次性欣賞到，可不經意之間出現突兀，大煞閱讀心神。

現今令人眼花繚亂的書市，收藏類的圖書爭奇鬥妍，然大多是各式珍品的解讀本羅列其中，真正以某一風景名勝門券為主要內容的，寥寥無幾。《南嶽衡山門券探微》中的圖片實物，並非價值連城的寶物，也不是年代久遠的絕版，但，作者長期以來所收集起來的，是走進湖湘文化具體重鎮的百來張入場券，也可說是觀照中華文化典型縮影的最真實憑證。他不是單純地為了好玩而收集，而是寫著有味卻不簡單的文字，串聯出了一組記錄風情、傳揚歷史的史料。

幾張現代門券，依金錢衡量價值不大。平常進入某一景觀，或參加某一活動，沒有幾個人能把門券積攢起來，好好保存。當然，也有不少人喜歡暫時放於口袋，或置之案頭，好向親朋好友，進行一回新時期阿 Q 的炫耀。蔡八一長年累月地珍藏所能遇到的衡嶽門

券，一一形諸文字，似乎有些機心，但更多的是一分癡情與執意。作為知名文化人，享受了 VIP 鑽石卡的待遇，他思考的特權是方便於公務活動的便捷，但在門券研究思想上，他認真找出了不同的優點與不足。也許某一缺陷、某一漏洞，成就了收藏界的一張孤品，但作者始終實事求是地審視門券的優劣，盡最大可能寫實本來面目，為人們認識南嶽人文歷史，提供了相容史料性、可讀性、趣味性和研究性的真實依據。在介紹南嶽衡山門券的同時，作者滿懷熱情地從文化遺產的高度，帶給人們更多的是民俗收藏的莊嚴和清新。

（原載《湖南日報》2008 年 3 月 1 日）

方圓之間無閑意

漢唐以降，稍有一些文人氣質的學士才子，總是在案頭擺上正式姓名章的同時，揣幾枚閒章細細把玩，心愛之，青眼有加。閒章內容各寫喜好，凸顯特色，無非乎字型大小、籍貫、書齋名、別號、官階、門第、記事、成語、自勉文、吉祥話、調侃言之類，或陰或陽，或方或圓，有樸拙，有精緻，自是一道亮麗風韻涵蘊幾分閑趣與逸致。文字往往都是輕輕鬆鬆，平靜的含義偏偏又能激蕩人心，名為投閒置散，性求淡然寧神。久而久之，國人襲用，東洋喜之，古人挖空心思想出幾方妙意，今者更是自己構思友人治印，甚至樂善於做一回性情中人，行文或洋洋灑灑，或惜墨慳吝，寫下自己愛不釋手的因緣。董甯文主編的《我的閒章》（嶽麓書社 2007 年 5 月版），收文六十篇，收印三百十四枚，文字風格紛呈，章形錯落有致，文章相輔流走，自成清新風景，讓讀者全身心去感知當代人的閑趣自得。

閒章乃遠繼秦漢璽印之後的一種吉文印演化而來，其印形、章法佈局、文字結構方面與姓名私印基本相同，但極其豐富多彩的表現力和奇妙的藝術功能。中國書畫藝術蓋上一枚或幾方閒章，色彩洋溢，美感滿眼，一種平衡輕重、錦上添花、烘雲托月、畫龍點睛的功用，更是落落大方。不少文人學者讀書者，刻上幾枚，或記事、或言志、或抒情、或詠景、或詠物，哪怕是摘上幾言經史典故、詩詞佳句、名言警語和書論、畫論、印論、騷語，充分反映性情人生

所追求的精神境界、人生態度，甚至是特立獨行的藝術主張與學問情懷。其中的哲學、美學、文學色彩，耐人玩味，怡人心神。《我的閒章》所收文字多為命題作文，然作者們盡心暢言，寫出了心領神會的愜意，還有幾許不需掩飾的閒情與邪趣。圖書裝幀執行簡潔主義，沒有多少花哨的文飾，如同其中的寧靜文字一般，版式略有不同，版心收斂劃一，與文字同行的印章尺寸基本保持了原貌。選者編排文章原則上以來稿先後為序，一改多少年來排資論輩或比較高下的舊習，擁有了真正洞悉性情的明鏡，堅守著閒章不閑的佳話。入選者們多為作家學者、詩人編輯，或是藝術方家、高校教授，寫書，讀書，藏書，在一紙素箋上鈐印代表自己生命意識和思想追求，印文之中有深沉，有凝重，更有幾分輕鬆與清新，但決然找不到可以貽笑大方的閑的影子。

　　閒章不閑，備受珍愛。諸多名家抒寫的印文，有勉勵修身，有解嘲善性，一一感悟風雨人生，把人生態度融於石內、文中，於自己是一種經歷回首，對觀者是一種誘導與警策。作家黃宗江讀過大學，當過水兵，癡迷演劇，寫作劇本，一生就如同他參與主創的愛情故事一樣，浪漫而極富傳奇色彩，樂觀開朗，整天嘻嘻哈哈，對生活對藝術永遠充滿著熱情，20 世紀 40 年代在重慶寫了散文集《賣藝人家》，在中國藝術界創造了可圈可點的佳話，後來一忘年小友為他刻了不同大小的二方「賣藝人家」同名閒章，享受了甜蜜愛情的他在妻子亡故後依然常用「江珊藏」、「江珊藏書」兩枚閒章，孜孜不倦的活躍在文壇、影壇、劇壇、視壇。有著湖南出版四騎士之一稱譽的鍾叔河出一生好書、寫妙文、樹德馨，篤信「白髮無情侵老境，青燈有味似兒時」放翁詩句，刻有閒章「青燈有味」、「依然有味是青燈」，見章如見人。詩人綠原隨意成性，不論報到、

領薪或收掛號信，大都信筆一揮，簽名了事，偶爾收集幾枚閒章不時鑒賞一番，一方不規整的「膽欲大而心欲細」閒章，地道雅致，詼諧脫俗。朱金順教授畢生研究現代文學，執教高校藏書有癮，「奔流藏書」、「樂亭朱氏藏書」、「朱氏暫藏」、「朱氏藏書之印」、「朱金順收藏」、「朱金順藏書」、「朱金順暫藏」成了朱氏標識，其一對「望崦嵫而勿迫」、「恐鵜鴃之先鳴」，一陰一陽，激奮自勉。方成先生左手寫漫畫，右手作雜文，閒章「擠而後工」、「我畫我的」、「中山郎」、「北京老廣」、「附庸風雅」，幽默風趣，風情自見。評論家李元洛與詩文締緣，刻有一方「第一功名只為詩」閒章，巧借司空圖《廿四詩品》中的一句話，巧妙地隱含了他的詩情人生，表明自己的學人身份，文學意味鮮實可歎。止庵、徐雁二位不但閱讀文字寫得灑脫自然，敘起自己的閒章來更是文心玲瓏，一個筆記「鑒於止水」，一個坐擁「蒼茫書城」。同為哲人的于光遠、龐樸關於閒章的話語覺得好說好寫，于氏著作等身心神自然，欲刻一方「何必藏拙」達觀人生；龐氏學識淹博大道而行，名曰「知命易自知難」覺醒精進……不同閒章，不同的角度，淋漓盡致地反映出主人的喜怒哀樂和道德情操，以及修養、情趣、學識和經歷。一些文人、書畫家都備有數十方甚至數百方的閒章，用以作引首章、壓角章、邊章之用，妙趣橫生。大凡人之品性所有，閒章必定文有所至。抑或自憐自誇自嘲，甚至自負，都是直述胸臆，深邃而精練。字裏行間，這些閒章擁有者們生性大度，閒章多取文豪爽，又不失平靜，意味雋永，道出了他們不甘平淡為文字為書畫的更高層次的藝術追求，不卑不亢的書生風骨躍然石上。

　　《我的閒章》中的真情文章，或長或短，寥寥幾百字寫出了深深快意，洋洋數千言抒發著款款真義，沒有做作忸怩。雖為閒適文

興，卻是自然流走，這些文字也許還冠不了錦繡文章的帽子，但耐讀，嚼之有味，品之不疲，猶如夏日薄荷，給人的是涼爽過後的清神，還有幾縷難以釋懷的韻致。我想，如在嚴嚴白雪的冬天捧讀，定是另一番妙趣，甚至有一天能在青田小石上刻出敬之以禮的字樣，而不奢望什麼雞血石和藍田暖玉。有意思的是，封面題簽是書畫大家黃苗子欣然命筆，扉頁題簽為文獻學奇人王世襄勾畫有力，周退密、呂劍、劉二剛、俞律、金性堯、黃永厚六位名家尤為多情，不僅寫作了對閒章的赤誠愛意，更是筆酣翰墨，寫出「我的閒章」字幅醒目於每一輯封，感念主編董甯文先生長時間蕩漾文興頻出金點子的誠摯殷切，以及自心說不盡道不完的閒章情思。

（原載《中國文化報》2007 年 8 月 21 日）

把記憶和情趣一同珍藏

有些記憶，隨著歲月的流走、風雨的飄搖，慢慢地在大部分人的心中漸已淡忘，甚至是完全忘記。只是在偶然有人言說或某地出現，就成了一種珍貴和清新。當然，也有一些人傾大力和豪財以及滿懷赤情，遍地尋覓，長期思考，近乎把所有的迷戀化作熱熱癡情，盡最大可能地為瀕臨滅跡的對象重新展示歷史意義與時代價值。也許，這些就是收藏之道。

歷史專業科班出身的張丁，帶著對尋根傳統文化真義的心胸和情趣，利用擔當央視《藝術品投資》欄目編導的身份，走訪了王鐵成、劉文傑、李彥君、劉國斌、張繼超、周慶明、李天池、劉國仁、張慶、雷毓祺等，以《收藏之道：藝術品投資採訪手記》（嶽麓書社 2006 年 12 月版）的形式把近 30 位收藏家收藏之道作了一回真實的特寫。他們當中，有的是某個門類翹楚，有的是普通的玩家，雖然不能代表目前中國收藏界的最高水準，但基本涵蓋了幾個大項。書中在敘述各位收藏家的故事時，凸現每個人的收藏特點和藏品魅力，盡可能地配上了相關的背景知識和圖片。作者通過對收藏家們的成敗得失和收藏苦樂，紀實了收藏的基本常識，把自己和收藏家們對收藏活動的理解進行了一次淋漓盡致的宣洩。其中，有著一懷性情中人的自然認識，有著一分傳承文化的殫精竭慮。

收藏並不一定非要件件都是精品，但一定要件件都能反映出時代特徵。如同郵票、火花、門券、錢幣、瓷器、玉器等之類，仔細

考究，總能在它們身上找尋到歷史的痕跡，或政治的，或文化的，或經濟的，或者其他。在收藏者的眼裏，只要藏品能夠代表一個時代比較好的水準，就是佳品。曾成功扮演周恩來的王鐵成，收藏家具、奇石、瓷器和字畫等自成特色，為了一張乾隆時代紫檀寫字台幾乎花光所有的積蓄，卻在無意之間以便宜的價格撿了一個漏兒得到慈禧用過的儲秀宮粉彩大果盆；以一本《劉說字畫》名聞收藏界內外的劉文傑，談起字畫如數家珍，有幸得贈精品人物畫《延吉歌舞圖》愛不釋手，更在不同時機向世人言傳吳作人的中國畫線與造型的功力，更正了某些人對吳氏中國畫功的誤解；作為央視《鑑寶》開播以來第一個向國家獻寶的持寶人，張繼超為了收藏有漢一代八件套漆盒，捨棄了心愛的四個清代玉扳指和一個青花將軍罐，最後帶著滿腔愛國情思把估價在 500 萬之上的漆盒整套捐獻給了南京博物館；周慶明，被稱為國內「聖旨收藏第一人」，花費八元錢買下第一道聖旨，行程數萬里尋找近百張聖旨，毅然自費開辦博物館讓世人真正感受到皇牘文化的歷史風貌；出生東北黑土地，主政華菱大鋼業，滿懷瀟湘情，力挺長沙窯，李效偉一邊盡心經營著全國第七大鋼鐵企業，一邊努力演繹長沙窯的藝術風格、文化內涵和收藏價值的研究風采，大書《長沙窯珍品新考》、《長沙窯：大唐文化輝煌之焦點》就是一個有力的證明；走進湖南省博物館的一個約 1000 平方米的大型展廳，釉下五彩菊花梅瓶、釉下五彩錦雞鬧竹花瓶、釉下綠彩貴妃出浴瓶、釉下五彩花鳥瓶……200 餘件，均為一個世紀前清末生產的醴陵釉下五彩傳世作品，其擁有者羅磊光卻是一個剛為而立的毛頭小夥，鄉土文化的執著收藏，使他成為了湖南省博物館邀請私人進館辦展的首位收藏家，驚服了全國大家級別的收藏研究者，得到了著名畫家張汀的欣然題詞；在花炮之鄉和革命老區

的瀏陽，農民張志國開辦了一個聚寶博物館，石器、銅器、陶器、瓷器、漆器、木器、字畫以及古代藝術品雜件二萬有餘，古寺遺風、書林攬勝、三教拾遺、明清傢俱、革命文史、文革激情等等，傾盡全部家當，為的就是一種對傳統文化難以割斷的情結。張丁更是一心赤子理念，從源起、方法、用途、問題的關鍵以及史料價值、文化意義等方面論證和分析民間家書徵集活動，積極發起和推進一個搶救民間家書的行動，終於使得國家博物館收藏以往不為人所注意的百姓家書……曾是達官顯貴高雅的清好，如今民間收藏也成了普通人通俗的閒情，不經意之間更是以成為社會重要的投資方式在大眾生活內容中不可缺少。收藏家們平日裏深居簡出，特立獨行，對於自己的物質生存自視苛刻有加，然在收藏珍品的時候卻是豪放無比，心底裏再沒有了吝嗇，眼睛中滿含期待和摯愛。他們的記憶深處是在努力尋找珍貴與真跡，靈魂高處就是希望自己的收藏為國家和民族，在傳承歷史、弘揚精粹、提高素質、創造和諧方面起到力所能及的作用。同時，他們知道今天的社會不可能沒有收藏，收藏就是為了重新拾起對過去的記憶與珍惜。

張丁是一介性情中人，編過史學雜誌，做過財經報導，主編交通節目，後來又以一種執著的信念和理想，由從業藝術品投資的鼓與呼轉戰搶救中國民間家書工程的創建，讓記錄自己心路歷程和思考皈依的《收藏之道：藝術品投資採訪手記》，進一步推進中華民族收藏史跡與拯救家書事業發展。在他理性而平靜的筆下，沒有過於張揚的言語，沒有彰顯收藏的驚奇，最多的是帶著時人甚至後人走近傳統文物和文化的真實。李彥君鑒別玉器的八大方法讓京華行家大為欽服，劉國斌藏習象棋古譜成了擁有清代排局四大名譜唯一者，李天池師法兩千多年前的漢畫成就了自己的篆刻與書畫藝術和

聲名，劉國仁專題研究龍紋銅鏡有了講說和演繹龍文化的精神所在，張慶沒上過幾年學卻在收藏佛像香爐銅鏡方面感覺獨到，楊宗乾、牛國強愛上了收集新瓷並深具機心，高立成、張曉波、周方倫與瓷為樂很少在乎名家的認可，張維70餘年書寫甲骨、鐘鼎、石鼓、篆、隸、魏、行草等書法悉數為其子張誼珍藏……收藏家們為了自己的那一點點嗜好，幾乎都是傾盡全身心的睿智，一直廝守著清貧和寂寞，其內心深處卻是異常的富有。張丁熟諳收藏知道，努力地攻研譬如青銅禮器、銅鏡、帶鉤、兵器之類藝術品的政策法規、辨偽知識和市場行情，極盡全力打造《收藏之道：藝術品投資採訪手記》的時代意義和實用價值，而沒有拾用時下其他收藏書籍的紹介行為，認真地借助自己的新聞視角和史學思維，為喜好收藏甚至一般讀者帶來收藏入門的普及性讀本。

今天的民間收藏，形式不斷豐富，內容迅速擴展，我們要精益求精。在張丁《收藏之道：藝術品投資採訪手記》中記錄的收藏家們自始至終地懷著一種高品質的精神追求，向人們展示他們對歷史珍品和真跡的認識與理解，有時所具有的感染力不是用語言所能形容的。可能是興趣所在，也許是性情所歸，或是為了重溫某種歷史遺落的記憶，但，一一的一切，全繫於一個傳承傳統文物與文化無怨無悔的操守和心性。

（原載《市場報》2007 年 3 月 23 日）

感受永遠虔誠的新藏風

　　我曾經揣著一顆好奇的心，走進了一個名叫「夢回西藏」的大學生攝影展：藍天、白雲、雪山、太陽……還有古銅色的虔誠的臉龐。祥和、靜穆、清新，一直誘引我躍動神往西藏的心，因為我夢裏的西藏是一個快樂的地方。

　　「不要說太陽太遙遠，插上你心中自由的翅膀，到雪域高原翱翔，那裏就是離太陽最近的地方……」一次偶然的機會，生性喜山樂水的凌一鳴用其無拘無束的生活語言，鮮活起浸潤純樸藏風的文字和圖片，牽引我再一次在《看不見的西藏》（湖南人民出版社 2004 年 12 月版）中覓幽探險，讓我以「自由讀書人」的單純身份去對接一個既是「自由撰稿人」又是「自由攝影者」的雙職歌者的飄逸思維和書劍人生。我靜靜地漫步在深深地烙滿「藏」味的文字與照片裏，靜靜地思想在淡淡地寫盡「藏」音的白雲和綠草間。偶爾一串初春還裏著幾絲寒意的風兒拂來，我溫謐的心依然默守在曾經認識又曾經久違的西藏戀曲裏。

　　大千世界，紛紜難測，時而五彩斑斕，時而五味俱全。工作的緊張，生活的煩惱，總讓人想在新創的桃源裏，得一份心靈的寧靜，讀一頁自然的靜謐，細細地品味和體悟屬於自己的一片春風。經過一番期待與籌劃中的掙扎，凌一鳴終於拋卻了暫時間裏的一切俗務與塵累，在行囊裏裝下了一份生命的尋覓與一種本能的欲望，還有一支筆、一疊紙、一台相機、一卷膠捲。就這樣，春城昆明的八月

是迷人的，也是凌一鳴走進《看不見的西藏》的真正起點。也就是這樣，他「選擇了一條當今中國最難、最爛、最險，也是最讓人談虎色變的道路」。「歷時兩月，行程萬里。伴隨著無數旅途的欣喜與驚喜、考驗與挑戰，滿載著雪域的輝光、高原的厚重、神山的靈佑、聖湖的洗禮」，作者帶著圓夢、了情、還願的虔誠心理，沿著滇藏線——川藏線——新藏線，認真完成一次「鳳凰涅槃似的滌骨與洗心」。

佛說：將你一切最珍貴的寶藏呈獻給世人，這樣你才能得到完滿。凌一鳴慷慨地捧出在雪原之旅中真心拾起的日記與鏡頭，連綴出圖文並茂的珍珠項鍊。怡性的感受、溢彩的思緒、流情的詩句，映襯在取鏡於藏風中的景點簡介、背景資料裏，不時地勾引讀書人乾渴與獵奇的靈魂。作者是佛的信子，也是佛的信使。他一邊用凡胎的文字流淌禪宗之道，因為糌粑的芳壤上印滿了佛門高士的德雅步履；一邊藉俗夫的鏡頭拍攝人文之美，因為溫暖的陽光下排列著虔誠藏民的祥和風情。陽光雪域榮膺世界屋脊，淳樸人性歌唱幸福土地。凌一鳴，一介書生，仗鈍筆、架相機，在艱難的旅行中完滿人性與人情。

凌一鳴在「雨中昆明」開始感受「柳絮雨絲、佛面滌心」的彩雲之南，正式步入藏行萬里的尋幽善性之路。在西山龍門臨風漫步，在蒼山洱海遊悟大理，在雞足靈山朝拜神佛，在麗江古城重溫忠義……視角在時間的快車上不停地轉換，鏡頭在審美的思維裏不斷地取捨，情趣在迫不急待地催動已久的神經，文字在才情碰撞時勾畫艱辛與疲倦。長江第一灣的漩渦，虎跳峽的險奇、茶馬古道的歌聲、夜困怒江的福緣、然烏湖邊的靈感、初到拉薩的驚奇、布達拉宮的靈域、西進阿里的拾趣、前往神山的雅興、瑪旁雍措的沐浴、

喀什歸旅的恍若等等。一段段平凡的文字筆記，寫滿藏風藏雨；一幅幅清晰的圖片畫面，渲染藏物藏情。作者在文字裏，不悔地抒發自己感謝和戀愛西藏的衷腸，同時向世人不倦地介紹自己採擷與感歎的神話傳說。詩性化的語言又不會生活情味，偶爾幾句零星的禪理流了出來，恰到好處，別有一番情趣和哲思。難怪說，作者「從此洗心革面，脫胎換骨，盡去前半生的罪孽與污穢」。就這樣，「一個舊的自我死了，一個嶄新的自我已經誕生」。走在《看不見的西藏》裏，我發現了熱愛生命、嚮往自由的凌一鳴「此趟雪域高原之行的意義和核心」。

「夢回西藏」攝影展讓我渴盼在世界屋脊上毫無拘束地漫步。今天，凌一鳴再一次用描述西藏風情的文字和畫片熏染我的靈魂與靈性，用《看不見的西藏》中所蘊含的一種感發生命感召我人性的歸依，在這一份自由的感發生命中，我已經閱讀到了前輩清雅名士遺留的一種心靈、一種智慧、一種品格、一種襟抱，還有一種修養。現在有一些年輕人竟因為被一時短淺的功利和物欲所蒙蔽，往往不能認識美好大自然對人的心靈和品質的淨化提升作用，這是一件極可遺憾的事情。而我樂讀的凌一鳴保持著樂觀平靜的態度和心情，偏偏以動靜相宜的生存方式，朝讀者的視野裏鋪張「仁者喜山，智者樂水」的理性闡釋。

（原載新華網・讀書 2005 年 4 月 11 日）

劉潔瑩的《衣裝》

　　走近大商場小店鋪的服飾專櫃，男女老少，總會為琳琅滿目的各類色彩吸引，或看得眼花繚亂，或試得不亦樂乎。不少人陶醉於不同色彩、款式與風格，而忘記了切合自身的風格、體型和色彩。中國不少遊客專赴巴黎服飾店，不吝鉅資奢侈購買，其盲目情形，讓法國人感到許多驚訝與莫名。不少高幹或富商夫人出席宴會，竟有一輩子不識塗抹口紅情趣，貌似追尋高雅華貴，卻不時顯露茫然。她們大多只對款式與價位感興趣，卻忘了衣裝的色彩，才是真正提升其品位的決定性因素。當然，也有很多現代女性慢慢開始享受年輕化的色彩生活，在色彩世界覺醒過來，不再一味地、單純地追求名牌，來裝飾無法掩飾的年齡老化，讓色彩研究者與傳播者們感到一絲半縷的欣慰。

　　色彩具有其他難以比擬的能量，綠色象徵和平與生機，紫色顯示神秘而高貴，藍色的光可以助療結核病患者，紅色環境能夠平穩抑鬱型人使之積極……這些看似平常的色彩，使得人們的生活，五彩繽紛，七彩斑斕，而且時刻帶給我們慰藉和溫柔，蒼涼和感傷。自人性有了羞恥之念始，凡視力正常的人，便會因為眼中的色彩，開心、興奮、惶恐、緊張或驚詫，時間久了，也慢慢在心中萌生各種各樣的朦朧的憧憬與期待，當然也有了印證「人靠衣裝」的色彩感知與選擇。

　　在許多人看來，人靠衣裝，仰仗於名牌服裝與華貴首飾。總有人以為越是昂貴服飾穿戴在身，越能顯示自身高貴品質。但是，外形上的和諧，儀態上的高雅，始終沒有真實地得到與誕生。那般無知無畏的穿戴，往往把名貴跌價成庸俗淺薄。把一般化、名貴化的服飾，一一穿戴出使人心儀的審美效果，這是一門現代生活不可缺失的時尚藝術，可以形成一種自然語言與情感手段相容的美感文化。

　　劉潔瑩長時間地從業色彩設計和色彩領域研究，在個人形象色彩應用、時尚產品色彩設計及城市與環境色彩規劃等方面，多有深入，深具擅長。其執筆的《衣裝》（嶽麓書社 2010 年 2 月版），雖篇幅不長，但各有偏重，肯綮入微，深入淺出，圖文共賞，全面講述了如何進行服飾選擇與色彩搭配。不同的服裝配飾，不同的色彩風格，巧妙協和，合理搭配，讓你悄然驚醒，不能讓美麗一輩子與自己失之交臂，通過服飾語言見證身份，促使你尋思衣櫃裏有多少適合的服飾資產，告訴你不要在意年齡增長但絕不任由老去，引導你為自己「診斷」色彩，啟發你發現穿著中最重要的搭配環節、體現優雅與品味的細節，以及出入不同場合的著裝，讓你在對色入座的同時與好運相伴，無時不在感受色彩設計與生活……法國著名色彩專家讓·菲力普·朗柯洛認為：「色彩是一種語言，色彩是一種文字，色彩是一門藝術……在劉潔瑩的這本書裏，我們可以找到學習這種語言的方法，掌握運用這種文字的技巧，並可以運用這門藝術實現每一個人心中想要的幸福。」

　　現代生活，離不開服飾的選擇與色彩的搭配，我們對於和諧美的追求，時刻不曾停止，這是社會主流的消費心理，也映藏於審美情趣之中。但不少人，對色彩知識的熟悉及理解，尚處於貧乏和困

惑狀態，亟須有切實的積極幫助來提高現代生活品位。在巴黎，大街小巷演繹著色彩理念；在日本，早已將色彩內容納入基礎教育。而在漸趨開放的中國人群中間，能普遍對色彩生活生發鍾情與戀愛者，還只是一個遙遠的夢想與期待。隨著經濟社會的發展，人們的現實需求和情感需要，欲思得以完善，必然少不了豐裕而美麗的色彩生活，否則便是後天自我缺失的遺憾與短視。

對於色彩的分析，我們需要有理性而自然的把握，但，既不能宣傳光怪陸離的奇異思想，也要迴避引導匪夷所思的另類生存。劉潔瑩的色彩認識與傳遞，雅潔簡要，有知有識，饒富興味，時出新彩，讓人歡欣讀來，自然激化一種強烈的饑渴。她對於色彩的闡釋，不做知識性的說教，而是恰到好處地引述知名女性事蹟，或經典故事、言論，來做充足的佐證。流利的語言，合理的安排，毫無枯燥感。如美國國務卿希拉蕊，年輕時戴著厚厚瓶底一般的眼鏡，土氣十足，數十年過去，時過境遷，貌非昔比，昨日的醜小鴨如今已具思想超然、風采獨立的上乘氣質。這樣的形象，則與其得體的穿戴裝扮，不無關係。英國前首相柴契爾夫人，素有「鐵娘子」的強硬聲名遠播政壇，但其脫俗悅目的服飾穿戴，迄今讓人記憶猶新。

不同的生存狀態，不同的情思反映，不同的冷、暖色調服飾、搭配與裝扮，讓不同的女人在色彩服飾、口紅、鞋襪、圍巾與不同髮型中，出入不同場合，依色增運氣，憑色添新彩。無論是出席一般聚會，還是參加大型活動，或商業往來、上班逛街，人與人之間的交際，免不了與穿著他身的衣裝不期而遇。合體的服飾穿戴，和諧的色彩設計，不但能讓身邊的人為之眼亮，還可以清新明麗的形象，製造意想不到的美學氛圍。通過色彩來講說衣裝，不但要考慮

到經濟、環境、文化、風俗等客觀因素，而且還得著重結合人身膚色、體型、臉型等，談出了自己的體會與見解。在新時代，人們憑藉成功的服飾穿戴，定然會贏得社會的尊重，也希冀世人從孩子開始進行色彩教育。

對於色彩的理解，各自不同。如紅色，能刺激內向者、高血壓患者、孕婦、談判者感到更多的壓抑與緊張，也能令人聯想到強壯、精力充沛、信任與創造力。同樣是面對黑色，可加速心理疾病患者愈發消極，進一步否定生命；而特別敏感者則能冷靜下來，不再情緒失控。不同的色彩，對於不同環境、不同性格、不同情緒、不同心理，有著不同的激發效果。在服飾選擇時，主色、副色與點綴色的合理科學搭配，能創新一個和諧共賞的審美環境。即便是平常小字輩愛穿、年長者忌諱的鮮豔顏色，不但可以帶給年輕人一股活力，同樣能使得中老年勃發二度青春，因為「色彩，沒有年齡限制，但有年齡的運用」。我們只要勇敢地跳出傳統的衣裝色彩觀念，注意在什麼樣的環境下，由什麼樣的人穿戴，便可在一個合理搭配中，放射出和諧色彩魅力來。

色彩思想，在國內還處在啟蒙狀態。無論是衣食住行，還是其他物質生產，我們在滿足精神需要時，應當有效地考慮得到充分的視覺享受。對於衣裝的選擇，我們需跳出潛意識層次，不再單一地停留在料子不錯、價格不菲的層次，而是需以合適的服飾，穿著出和諧、得體也能賞心悅目的情景，讓人覺得美而不夭、麗而不媚、豔而不俗。若我們靜心悅讀《衣裝》，自然能感知關於色彩的文字與思想，也正體現著劉潔瑩的一種時代擔當和社會責任。同時能發現其最大的目的是，將色彩行為形諸色彩言語，激勵色彩生活中甦

醒的人們，逐漸增多，真正地分享到優雅與自信、品位與情趣，而
不在色彩面前不知所措、迷失大方美麗的自己。

（原載《湖南日報》20010 年 3 月 17 日）

知性女子走天下

　　能有不少機會到許多地方，感受多元文化的差異和精彩，收穫與不同人交往、溝通的真誠和情意，自然會使自己產生很多的期待、欣悅和憧憬。在這生活期間，梅芳接受各種各樣的風景、美食、友情、影視與圖書，用文字、鏡頭記錄下一些啟發和感悟。圖文並茂、裝幀精緻的散文集《何處是他鄉》（湖南文藝出版社 2011 年 1 月版），就是一個靚麗的證明同注解，記敘了她那思想激進又不乏小資情感的心路歷程。

　　梅芳曾經也屬於有過熱熱期望的文學青年，但當她成熟後再表現對生活的感觸，便不困囿在特定的文法與語法之中。她傾情走筆，趣味、性情、清新和亮堂，接連而出，騰挪有致，八十餘篇大小不一且篇幅不長的文章，結合近五十幀精妙編排的相片、書影，把工作、旅遊、交際、讀書和欣賞時的情景，以及新鮮、活力、刺激、歡樂和熱愛，清新展示出來，讓我們看到一個知性女子漫步在人生路上的鍾情、寧靜、自由、秀雅與靈氣。

　　她留學紐西蘭，學到不少金融知識，又不時在這方迥異於東方文化的勝境，品味不同類型的葡萄酒，踏進美麗的海灘吹海風、曬太陽，感觸被大多數國家視為洪水猛獸的色情業在這裏的合法的藝術演出，甚至在一家服務生全是洋人的中餐店喝到了特色的酸辣湯……這些使她不再感到孤獨和落寞了。

然而，不能說梅芳有了一種開放的心態，就少了故土情結。她從奧克蘭一路飛過吉隆玻、阿姆斯特丹，來到倫敦、巴黎、法蘭克福，也曾到過日本、美國，最後還是回到了上海。不論在哪裏，她都認真享受生活，尋找中西文化的不同。從她思維中流露出的不少情節，輕鬆自然，偶爾凝重，別有韻味。

她寫在激流島一日閒遊的感受，想到了關於那位天才詩人的多個情景，如詩人的詩句、影響、孤獨、憂鬱和不可思議的瘋狂殺戮，但她在通篇中一直不願意點明他的名字——顧城。她平靜地將他視為一個犯有罪惡而不該原諒的人——他的無可奈何與匪夷所思，確是給了人們許多遺憾和隱痛、感傷與蒼涼。

漫步西歐，梅芳比較倫敦和巴黎的地鐵、人情、民主等，道出二者間的矛盾和差異。英國的藝術氣質處於弱勢，但那無與倫比的大英博物館，除了慣用強盜邏輯堅拒希臘政府索回雅典神廟珍品的要求，還闢出一個中國館，展示通過強盜行徑搶來的文物和恥辱。讓她心痛的是，英國人從小學生開始便進行文物愛護和珍視的自覺教育，而國內的敦煌石窟壁畫由於財力有限、措施不當而導致部分關閉，西安兵馬俑的「禁止拍照」的牌子不能制止旅客們接連不斷的閃光燈。

回國後，梅芳不時外出旅遊，在無錫驚奇錢鍾書學貫中西的修養和心境，在揚州重溫曹雪芹的小說、鄭板橋的畫和姜白石的詞，在西湖吃美味的東坡肉和蓴菜湯……一路走過，張繼留於姑蘇城外的絕句，蘇軾寫給西湖風月的妙詞，徐渭寫在紹興老宅的寂寞淒慘，胡蘭成同張愛玲逗留南京的恩怨情仇，以及舟山的島嶼、陽澄湖的蟹黃等，都被賦予了獨特的情思和遺憾、溫柔和慰藉。途徑黃山腳的宏村，她看到木坑竹海的指示牌，油然想起影片《臥虎藏龍》中

周潤發、章子怡在翡翠谷竹海的飛劍走步，更是歡惋木坑人在劇組相中那片竹海時，不是積極爭取，反而哄抬高價迫使李安另擇他處，而造成了鄉民今天的不無遺憾與此方勝境的少人問津。

梅芳看過一些影視、圖書，去過類似賭場的娛樂場所，之後總會有林林總總的感悟和清醒，諸如從《絕對主婦》第一季中看到精緻和虛榮、寡情和冗長，因《指環王》、《斷背山》而感喟兩個非美電影人走上奧斯卡金光大道時的文化的融合與寬容，在《沉默的大多數》中感知王小波式的寬容、理性與良知，由澳門賭場而聯想到賭王何鴻燊當馬仔時能記住兩千個電話號碼的神奇……這些，可以被某些人描述成鴻篇巨制的內容，在梅芳的筆下，僅是隻言片語的描述，卻使我讀到了很多濃厚的興致和訊息。哪怕是吃一杯冰淇淋，玩一次老虎機，或送一回朋友登機，她都能做到清晰勾畫、要言不煩的敘述，讓人自然感受到一個性情中人的聰明和慧心。

正因為她的用心，每一個生活場景的反映，每一份人生觀感的傾吐，都充滿了風趣和使人遐想的空間。在一篇寫小布的文章中，如果不是她在最後明點主人公剛過完 4 歲生日，我還以為這個親愛的朋友，喜歡多項體育運動，夢想成為吊機司機或水手，不時說幾句熱情的表白，是一個勇敢的多情小夥。這讓我不得不驚歎她那夾雜童趣和詼諧的文字的精到與巧妙。她不僅有著激烈的童心，而且有一顆溫暖的愛心，從一篇博文中看到愛心人士的幫扶行動，便主動聯繫，參與進來，從物質上、精神上資助一個北方的窮孩子，後來又身體力行地加入到赴四川地震災區的助學之旅中來，為那些可愛的孩子傾注深情和可愛。

接受中西文化而長大的梅芳，從事著金融行業，她行文的嚴謹、縝密與多元，無時不在見證她的淡定有為、歡欣向上，以及一個知

性女子獨特的智慧、力量、堅持和激情。雖然題為「何處是他鄉」，似乎她在淡淡的足跡中尋找答案，而這些在她的內心深處，卻並未留有疑惑，也不足以成為疑惑。那奧克蘭可口的葡萄酒，那杭州除夕的煙花夜，那華爾街天使與魔鬼的故事，那與網友見面的好些情景，留在梅芳的記憶裏，讓她有了寫出故鄉在遠方、也在身邊的素材和思想。

梅芳瀟灑地走在大千世界，帶有一個漂泊者的狀態，看到的卻不是世態炎涼、人情離索，而是積極向上、晶瑩剔透。她把文化、風情、歷史和經濟交融一體，映藏在文學的語言、藝術的鏡頭與人生的故事裏，不斷地帶給我們驚奇和記憶。對他鄉與故鄉，一樣需要好好感受、體悟和回味，而不宜簡單地粘貼身在旅途而盲目感傷的標籤。這是該時刻珍惜的生活，也是能平靜面對的現實，更是滋養故土情結的清醒、親切和執愛。然而，書中又有不少硬傷，除了文字、標點上多出訛誤外，殘留了好些文史常識錯誤，如將李白佩服的唐詩人崔顥寫成「崔灝」，將西泠印社錯為「西冷印社」，將寫出「蟬噪林逾靜，鳥鳴山更幽」的南朝梁詩人王籍署作「晉人」，甚至將當下研究曹雪芹與《紅樓夢》最好的標識「脂硯齋」寫為「臘硯齋」，使我不無遺憾和憂慮。

（原載《I 時代報》2011 年 7 月 5 日）

跟著耳朵去旅行

剛從全球性經濟危機中走出的 2009 年，又遭遇甲流病毒肆虐。在即將畫上一個近乎平靜句號的歲末，賀歲電影接連上映，票房爭奪戰愈發激烈，但張藝謀的《三槍拍案驚奇》與朱延平的《刺陵》，明顯遜色與彙聚甄子丹、王學圻、黎明、謝霆鋒、梁家輝、曾志偉、范冰冰、李宇春等兩岸三地十餘位明星的《十月圍城》。看完《三槍拍案驚奇》，我感覺謀子老矣，其欲加娛樂成分與商業因素的野心，使得影片沿襲老路新瓶灌舊酒，已經走近了懸崖邊緣，沒有多少看頭。唯一的亮點，就是摻進了時下當紅的趙本山、小瀋陽、毛毛、程野等趙派師徒，把東北風情言語演繹得淋漓盡致，暫時博得我輩莞爾一笑。

每天擠公家車，或外出他鄉，耳邊總能感受嘰哩呱啦的儂話俚語，聽得雲裏霧裏似懂非懂，偶生興致連蒙帶猜，又多了幾分情趣。看來南腔北調一詞，不只是在當年幫助了魯迅先生輯成一集，流傳至今；而在今日乃至將來，都會讓人聽得有味。小刀斷雨擅長於創意，提出「偷聽城市」這一內容不陌生但涵蘊也時尚的概念，在網路上傳播甚廣；而寫慣了人文社會觀察的周為筠更是有心，硬是認真收集來自各方面的聲音，整理加工成一卷通俗易懂的《偷聽城市：跟著耳朵去旅行》，外加上漫畫家王山甲匠心獨有、機心惠人的幽默線條，相得益彰，互為映襯，讓我輕鬆讀來，不願擱置。

　　通常出外，辦事也好，觀光也罷，我們總是想著要走好、看好，但一聽到對方或旁邊奇怪難懂的話語，只好硬著頭皮憋著牢騷痛苦地聽下去。看來現在文字規範部門把察顏觀色改為察言觀色，是不無道理的。走穩每步，看得再遠，如沒聽透徹明白，往往謬誤雖小卻離題千里。如果我們能用心去理解對方所言，無論是特有的方言，還是普通話，對於我們實際需要定有不少裨益。事實上，就是你本人說起熟悉聽得親切的方言，但身邊的人不一定能明白一二。

　　翻讀周為筠編著、王山甲繪圖的《偷聽城市：跟著耳朵去旅行》（國際文化出版公司 2009 年 10 月版），長短不一但鋪成有序的句式，凝練灑脫而充滿趣味的文字，清晰地勾勒出耳朵的旅行、南腔北調讀城記和城市亞文化三個部分內容，讓我對不同的城市與不同的地域方言、不同的人群與不同的地方風情都有了一個較為清晰的瞭解。作者精心概寫了各式各樣、活色生香的城市，對於現代人為了經濟利益製造類似大觀園、唐宮宋城、明清古街、民族風情園之類的假古董不屑一顧，也對人們熱衷的歷史名城、文化遺產、魅力古鎮、古街古巷一類的翻新升級工程不過多蘸墨渲染。在他心裏，當地方言足以形成一幅文化氣息濃郁的生活畫卷，見證城市文化的品味提升與性格塑造，成為雖經風雨洗滌然無法磨滅的歷史魂靈。

　　聽著天南地北好笑且有趣的言語，雖多屬在不經意間聽來，仔細體味，卻能發現許許多多不曾預想的驚奇，即便是隻言片語，哪怕是非本地人，都能想像到所處城市的獨特風貌，以及富有魅力的生活情趣和時代風景。作者帶著一雙敏感的耳朵，去偷聽飄蕩著「北京歡迎你」激情旋律的北京、在螺螄殼裏做道場的上海、能吃崩自然界的廣州、來了不想走的成都、不南不北的南京、埋了不少皇上

的西安、走在天下湖北佬的武漢、美酒加面子的瀋陽和愈夜愈美麗的南寧，聽當地俚味十足、諧趣橫生的市井文化，聽南人與北人的各式性情張揚，聽著聽著，情不自禁地寫起觀感文字來，引人入勝，使人如臨其境，循其思路作一次聲色飛揚的另類旅行。靜心去聽，能聽懂一個或一系列原本生疏的城市脈搏與文化走向。

在《偷聽城市：跟著耳朵去旅行》中，有著代表意義的城市發聲，真實而生動地傳遞著當地風土人文與原生態文化，如北京人口中的「瞧您這德行」、廣州人所說「我頂你個肺啊」、長沙人的「你要何解囉」、南京人的「乖乖隆得冬，蘿蔔加大蔥」、武漢人的「冇得事晃來晃克搞麼絲」……原汁原味的生活言語，鮮活實在，隨意歡快，雖然有時夾雜了黑色切口、黃色痞話，但只要你細細體會好好咀嚼，自然會發現山丹丹組合的小品、奇志大兵的相聲、汪涵馬可的越策越開心，為何惹人守著電視機不顧夜深人疲也戀戀不捨，究其原因，也無外乎覺得有或多或少可笑之處。

其實聆聽這些當地人的日常話語，不值得大驚小怪，也沒有多少供君哂笑的材料，只不過是你聽後覺得懵懵懂懂罷了，自我忽悠，覺得有文化，煞有其事地跟著趙本山們把自己忽悠了一次又一次。周為筠受益於偷聽城市的網路流行語的啟發，專心收集，用心分析，在各個地方的慣用語中擇取有代表性的、經典性的詞彙、短語和話句，作了一系列由近及遠、深入淺出的剖析，讓我們不再認為成都人邀你「曬太陽」貌似待客不周，也不羞澀與愛說「咱爸咱媽咱家」的瀋陽人交談，更不至於驚訝於南京人為何把地下交通工具呼作「馬自達」。如在旅途，需要前往某一城市，無疑會與當地人打交道，行前溫習一下《偷聽城市：跟著耳朵去旅行》，或將此書裝進行囊備用，說不定會起到不少意想不到的效果。

　　偷聽城市，既要傾聽當地的精英文化，更不能忽視或短視反映普通市民真實心態的生活言語。在 20 世紀 30 年代的中國文學格局中，由於受五四新文化運動退潮而導致分化，海派與京派並立，均以講究審美情趣或表現技巧為職志而獨具風采，引發的文字論戰雖屬不期而遇的「君子之爭」，但所選擇的語言表現形式確有差異，不可否認。正是由於各地的文化差異和獨特的語言習慣，不同城市的人們在通用普通話時裏挾些許方語，或因發音影響而說著難懂的非規範普通話，慢慢地就形成了一種特定的語言文字形式。

　　這樣的言語表達，我們不能使用行政權力或法律手段去強制干涉，只有去洞察這個城市的人文風情，去體會這些話語的特定含義，就會輕鬆掌握這群城市人的生存狀態和生活心理，自然而然地發現這個城市的眾生相和幸福可愛。如此一來，聽城就成了一種文化分享的手段、一種便利於交流和坦然而處的最佳途徑，使得更多的理解與寬容、平等和尊重在匪夷所思的偷聽過程中，趨向了一種善美的境地。

　　偷聽什麼，能聽到什麼，置身在城市的大街小巷、高樓大廈，都能像周為筠們一般聽到一些五花八門的方言俚聲。而「這些呢喃或喋喋的話語」，只要能仔細琢磨，定然覺得不失為「抓住城市靈魂的把手」。近來數年，多家報刊文化版增設了關於讀城的小品文專欄和專版，曾火熱一段時期。知名學者易中天在《品三國》暢銷之前，也推出過一卷《讀城記》，他對城市賦予了和當地人一樣的個性，或粗獷，或秀美，或豪雄，或溫情，如北京「大氣醇和」、上海「開闊雅致」、廣州「生猛鮮活」、廈門「美麗溫馨」、成都「悠閒灑脫」及武漢「豪爽硬朗」。他眼中的城市文化，雖也是一個誰都可以插上一嘴的話題，但他多方涉及，寫風土人文，寫風味

小吃，寫名勝古跡，寫買菜燒飯洗衣拖地板的男人和嬌美能幹近似母老虎的女人，但沒有如同《偷聽城市：跟著耳朵去旅行》一樣，專攻映藏城市生活的質樸聲音，寫出了原始韻味和根本所在。書後附有一片錄製了主要方言的光碟，對於我輩深入感受與傾聽各地風土人文，有其他難以企及的價值，亦較之於做著張揚廣告、塗得花裏胡哨、其實虛假無聊的腰封，來得實用。

（原載《雲南訊息報》2010 年 3 月 7 日）

吃各色美味，品不同文化

　　在日本家喻戶曉的陳舜臣，一生傳奇，原籍台灣，1924 年出生於日本神戶。本是自然得以日籍，後經 1945 年日本戰敗，使得國籍更變，只好回台謀生。是時陳氏正讀王夫之《讀史鑒論》，感歎於自身處在歷史與人生的轉折關頭，欲效仿杜少陵那般開始文學創作。在故里，陳氏遭遇二二八事件爆發，目睹民眾被槍殺，不由對社會現實失望，再次陷入生存困惑和悲哀的境地。後同蔡錦墩結婚，重返神戶，經歷長時間思想抉擇，終於在妻子的鼓勵下著手小說寫作。雖處女作入圍新人獎最終角逐，未曾獲獎，卻堅定了其從業文學的信心。第二年便有長篇新作問鼎日本推理小說界「登龍門」獎項——江戶川亂步獎，隨後接連斬獲直木文學獎、日本推理作家協會獎等，並有近兩百種作品相繼問世，暢銷兩千萬有餘，成為東瀛文學界大師級人物。

　　陳舜臣在推理小說、歷史小說與隨筆遊記方面，多有專重，輕鬆走筆，穩健行文，道之娓娓，言之鑿鑿。其偏重中國歷史研究，除在推理小說中融匯中國史料外，寫出的歷史小說，更是充分取材中國史尤其是近現代史元素。諸如《甲午戰爭》，以清末李鴻章、袁世凱與日本竹添進一郎、朝鮮金玉均為中心，紀實甲午海戰前夜的歷史背景，描寫中國和朝鮮的內部情況，基本上不予私人認識的褒貶。此後所寫《太平天國》、《耶律楚材》、《諸葛孔明》等，均是把中國歷史人物文學化的經典力作；《桃花流水》、《山河在》、

《十八史略》等，則一方面對比中日近代史的發展，另一方面考察中國近代史走向的真實原因。

近年來，陳氏作品陸續在中國大陸出版，頗受讀者喜歡與好評。讀者在賞析其流利文字、敏銳思想的同時，更欽服他雖長期生存在異國，於 1990 年重入日籍，卻始終對中國有著拳拳赤子心。自 1972 年中日兩國恢復外交關係始，多次訪問中國大陸，深入西北考察古絲綢之路，即便訪問西亞、歐洲之地，也不忘途徑北京回國，且向日本國民推薦中國作品，或以「中國與日本」為主題，講說儒家文化對現代的影響與價值。

陳舜臣、蔡錦墩夫婦鸞鳳和鳴，錦瑟諧韻，聯袂而出的《美味方丈記》（余曉潮譯，廣西師範大學出版社 2010 年 3 月版），只源於一次與《Sunday 每日》總編高原閒談時的約稿，又有感中國先秦時代《孟子》對「食前方丈，侍妾數百人」生活的鄙夷，及日本平安時期歌人鴨長明在《方丈記》中對一丈見方小屋的感受，借來為名。古意盎然，新語鮮活，陳氏夫妻圍著不大不小的餐桌、各式各樣的菜餚糕點與碗筷，詼諧而談，情趣相生。

作者以大家較為熟悉的中、日二式食品為引子，漫話山珍海味、平常菜餚、普通麵點、調味作料、傳統食品、現代料理的選料、作法與不同口味。對於不同食品款式的理解，他們沒有停留在品味與創造的層面，而是結合物品的原產地和兩國飲食特徵，寫意不同國人對同一食物的不同感受。由於中日傳統文化的相近，都有過年吃年糕的習俗，而做年糕，二地方法相異。日人喜將糯米置入臼中，用杵一一搗碎；中土則是選擇水磨碾米，然後拿布袋包起米漿，壓以重物直至水分乾去。中式磨碾場景雖不及日式舂米氣勢，但亦得陳府青睞，久有傳承。

在陳家丈夫看來，「君子遠庖廚」為古聖人妙語，當為效仿，但蔡氏夫人除了不滿意愛人事不關己的作派外，還年復一年地磨米製糕，並送予多往來、相關照的親朋好友。終於，勞苦功高的石磨在一次搬家途中摔壞了，使得勞累多年的老妻下崗了。對於孟夫子的那句至理名言，妻子曾一語勘破，那些言語不忍看禽獸被殺的君子們，面對鮮香的豬肉、羊肉、雞肉之類，無不大口咀嚼，大快朵頤。對於不屑一顧的廚房，素有君子為一飽口福，挖空心思地扮演饕餮角色，有將生靈活活悶死的、烤死的，手法千奇百怪，還不時道說良言善語，全然忘記自身的虛行偽飾。在陳、蔡二氏丈夫與妻子的輕鬆對話中，我們可以看出，他們在唾棄某些君子作為，早已把廚房奉為人生修行的最高場所。

吃食各味海鮮水產，作者考察了中日兩地，哪處盛產，為何地民眾推重，甚至會在古籍傳說中找到一些證據，以更正今人之誤識。海蜇很難吸收調料味道，但清脆爽口，有助於消化，是一種理想的瘦身食品，頗受日本人歡迎，而此物主要產於浙江舟山列島至福建沿海。而中國的魚翅大量購自日本，此與熊掌齊名的奇珍美味，主要是蛋白質成分，卻難消化，不宜多吃，無論如何水煮、剝皮與水泡，都難抑腥膻。

今日提及生魚片，人們都會說是日本人的主要食品，而在中國古已有之。《楚辭》曾云「懲熱羹而吹兮」，《論語》記載「膾不厭細」，前者說被熱湯燙著舌頭的人覺得生魚片方便入口，後者描寫孔聖人時代便有人愛吃生魚片而不嫌切得碎小。越霸王勾踐，雖創造了臥薪嚐膽的千古佳話，也留下了戰前未把生魚片吃完便作倉皇醜態的笑話。有時我想，勾踐嚐膽不畏懼腥臭，需何等毅力，然其喜食生魚片的愛好，看來吃那一點苦也不過是烘托他苦心謀略的

障眼法而已。不論怎樣何理解，我都敬服陳舜臣對於中日歷史、傳統文化淵源的掌握如此熟稔。

雖然今日生魚片已從中國餐桌上，撤出了主菜單，但在陳氏夫婦俏皮對話中，我們對接到了其對各味美食及其傳統文化的認識。他們解讀不同風味的葷素，講說自家私房菜譜，一一介紹得具體清晰，讓人欲在其中偷學幾手真藝。不論是吃儲有鯊魚勇猛精力的魚翅、被禁的美味三錢烏冬麵，還是吃粽子、絲瓜、豆腐、南瓜、西瓜皮與涼蕎麥麵，或是月餅之類的節日食品，及卓袱料理、沖繩料理、琉球料理，在作者流動的筆下，詮釋的都是翔實史料、真實觀察與平時思考。

平常我們對於五月初五吃粽子的理解，莫過於紀念自沉汨水的愛國詩人屈原。買來艾蒿、菖蒲、雄黃一類，或高懸於門窗前，或泡酒待飲之，此中緣何，自有典故。陳氏據陰陽五行與歷史傳說為憑，說出此日在迷信的古人那裏，為大凶之日，需要闢邪。戰國時孟嘗君生於此日，其父欲殺之；北宋徽宗生於此日，終是亡國、但無論是有多少遺憾、怨恨、冤屈，後人不論何時何地，對於三閭大夫的崇敬與懷念，一直是強烈不減。今日端午已成傳統節日，有國家行為定作法令假日，人們吃粽子、喝雄黃酒等，雖沒有多少物理上的用途，但足以滿足心理的快慰與安寧。類似此例，在書中，多處引史作據，並較之中日文化異同，使之文字清新有趣，思維出彩，同時散發出多種食物撫慰人心的力量。

餐桌能有方丈，可謂大矣，然在陳舜臣、蔡錦墩美食文字對談中，確是有些小了。《美味方丈記》中，四十五篇談吃與美食文化的文章，雖有不同的標題主旨，但互有或多或少的連接。尤其是以中日文化為背景，穿插古典詩文典章，憑藉夫妻自由漫談、平靜思

索來串珠成鏈，很為新穎，毫無其他美食文章專門談吃、羅列選料、細說作法的繁冗和乏味。悅讀此類文章，除了看到他們於鮮啖、煮炒、蒸熬、燜烤、挑嘴、外食等方面食味選擇，更需在詳述各味美食、各色食材的身家故事、料理方式與私房心得時，帶給讀者許多歡欣、愜意與期待，當然，還有無法言喻的溫柔和慰藉。其中小品文筆墨，輕健而談，涉筆成趣，把傳統文化與現代生活自然結合，使我輩在增長見聞知識的同時，發現不同文化細微處的精妙，也體會到工於文字、善於品味、樂於體悟的作者，在生活、飲食和文化傳播中攝取樂趣、弘揚普世的睿智與慧心。

（原載《中國新聞出版報》2010 年 6 月 4 日）

品食的是生存之道

　　人非仙佛，無法改變吃食人間煙火的命運。其實，飲食食物的過程就是一種享受，其結局也是一份美好。雖說《西遊記》中孫行者師徒途經西域，遭遇玉皇大帝因沒好好吃上供品，而以三年乾旱懲戒鳳仙郡守與鳳仙郡民。神仙也為一餐品食而耿耿於懷，何況是凡胎俗骨的世間男女呢？

　　朱振藩著成一卷《食隨知味》（嶽麓書社 2006 年 1 月版），把自己於吃食佳餚珍饈中得到的真味甚至是味外之味，一一行諸平靜的文字，記述著自己於品飲之中的生理愜意，記錄了自己在享食之外的生活妙趣，更是記下了自己因品食凡塵菜餚得來的零星但猶能連珠成鏈的生存道理。

　　雖是走在珠光寶氣的都市裏，身邊的眼前的或多或少地貼有舶來的標識，然作者的內心深處，無論是山珍海味滿漢全席，還是鄉蔬土菜零星幾碟，往往有人學作吞咽的虎狼形態卻不能完成一回滿足意念，偏偏有人於細嚼慢咀之餘吃得津津有味也能津津樂道。

　　朱振藩愛吃，但鄙夷只辨食品七種色八大盤的饕餮行為，潛意識裏已把吃當成了一門悟道修性又能詮釋文化符號的藝術。他坐吃中華美食，沉思中國食材，爬梳傳統食理，終於在一番經意的吃食中不經間意地吃出了另一番味道。

　　讓尋秘朱氏美食文字內涵的視點，輕輕地打量他解密中國食材的豐富與精粹，只發現「太牢頂級料理」、「禽鳥珍饈羅列」、「河

鮮海錯集錦」、「鍋爐美味尋奇」、「蛋蔬豆腐佳餚」、「粥麵點心大觀」等六大食材體學中，各有別致與雅趣。

閱讀的目光流走之間，很輕易地發現作者以美食文字饞人的精明處。

他靜靜地坐在深得中華美食精髓與真味的當下台灣食坊，用自己的眼、自己的舌、自己的頭，一齊鍾情每一道端近的菜餚粥點。看就看一份愜意，吃就吃一個痛快，寫就寫一串輕鬆而耐人咀嚼的關於美食的文字。哪怕是一個標點都讓人讀到演繹每一道菜式的傳承演變或饕家名士的飲食趣聞的火候。

吃著有三百餘年歷史的老字型大小陸稿薦家傳遺風的腐乳肉，作者觀其形察其味，竟然把一碟難登大雅之堂的家常菜餚與曾令人唾罵不已的南宋逆相賈似道聯繫在一起，讀明白了「權相誤國唾千古，鄉菜傳稱一品」的戲謔詩句。

對著老闆廚房的山東扒雞能夠吃得出細嚼無渣滓、酥香透肉髓的滋味，很難說不與他明曉發明人農民王明奎的精心研製、美食家顯貴唐魯孫的傾心品吃、發揚地小鎮符離集的潛心改進有著密切關係，更能發現做工細、滷入味、焙得久、炸得勻、燴不糜的技藝。

嘗著上海小館體碩殼薄肉鮮的白蝦仁炒蟹，既吃出了鮮腴爽嫩大快朵頤，又吃出了秉持傳統道地風味，更是吃出了小說家陸文夫、散文家梁實秋、美食家逯耀東的品味旨趣和言傳文字。

聞著林家蔬菜羊肉專賣店裏的羊肉鍋，竟然在起源於伊斯蘭教「聖席」的清廷傳藝的「全羊席」上，聞到了清詩人袁枚《隨園食單》的妙語和宋畫家張擇端《清明上河圖》的神趣，也聞到了吃「全羊席」規矩特色和火候刀工。

飲著天津衛老米食堂的海鮮豆腐腦，作者記起了廣東才子宋犖與刑部尚書徐乾學分享清康熙帝的天寵受用豆腐秘方的美談，想起了夏曾傳一卷《隨園食單補證》關於「十景豆腐」的製作云云，因為會文善吃的他，吃就吃一個可以解讀飲食內涵探求文化精神的鮮香口味。

喝著款式豐富味道不一的成記粥，作者於一碗魚片粥，品嘗出了其中的細滑鮮柔，還獨有心得地把一湯匙以順時針或逆時針方向沿碗邊舀滿慢食，而不學平常人一勁兒向碗正中舀取，避免了整個化淨成了稀湯寡水的愚舉而得以本真滋味。

愛吃，也應會吃。把吃當作一種文化或一門藝術，定然能吃到一腔不折不扣的滋味，同時可以吃出一份世間幸福的口感與快感。

朱振藩長於飲食，善於思考，能夠感悟「大抵一席佳餚，司廚之功居其六，買辦之功居其四」的袁氏理論，品食著大連風味館的醬蹄膀、鬱坊小館的腐竹烤排骨、三分俗氣的馬頭魚豆腐、榮榮園的酥炸小黃魚、永福樓的清蒸大魚頭、劉家的酸白菜火鍋、天壇的臘味金瓜盅、蘇杭點心店的小籠湯包等，吃出了生理胃口感知的物質味道，吃出了生活味蕾感覺的思維意念，更是吃出生存舌頭感受的文化涵蘊。

朱振藩靜心於飲食之餘，默心流出一些或俗或雅的文字，平心梳理了一列或長或短的句式，只為窺學了隨園主人大快朵頤後居然「甘而不能已於咽」的一招半式，又想效仿著王小余大廚精業廚藝時樂求「未嘗見染指之試」最高境界的修身養性，終於在吃多了苦辣酸甜的時節用自己的飲食言語慢慢寫成對「嘗一臠而知全味」的些許體悟與感想。

生活在五味之中，勤於尋思生存的幾種化境。但，他是一個平常生活裏的性情中人，沒有循吃食美味去奢求羽化道理。只不過，他吃了幾十年的菜餚飯點，想了一連串的美食經驗，終於靜靜地借助已有學養的淵博而形諸新的美食文字，給予通讀朱氏飲食話語的人們品味蔚成體系又有滋味的中華美食文化。

最美的是人間煙火

俗語常云，神仙不食人間煙火。

往往不少人無論是帝王將相還是平常百姓，都想喝著朝露吃著松仁來一次長生不老，其實因此癡念偏偏是諸位學習仙人術禁食人間煙火而命寫短暫的愚舉。

還是朱振藩想得開。他是凡胎俗骨的人物，不求活一個天長地久，惟期每一餐都懷精美食物締結情緣，吃出樂在其中的味道，如食物的滋味、生活的巧味、文化的韻味和歷史的趣味。

在他的內心深處，既要吃得好，又要品得巧，還需嘗出味在其間的所然；於他的靈魂高處，美食有深度，吃食出文化，帶著生活品在人間知其所以然。他結成一集《食在凡間》（嶽麓書社 2006 年 1 月版），把自己只羨煙火不羨仙的飲食心得詳細地寫成文字，靜靜地引領時人感知人間美食的所然和所以然。

感知飲食的文化，不是階級、階層、民族、種族特有的分享權力，而是屬於每一個世俗生活中人擁有的平等權利。

朱振藩仔細品味各色食物，認真研嚼飲食文化，用心分析涵容其中的豐美食村和絕妙技巧，努力向世人宣導一個平民美食文化時代。他知道每一個對飲食有著興趣的人，雖是追求生命需要和生存方式的最完善解決，但都在悄悄地加深自己的文化領略分享營養方面的深度和涵蓄。他深深懂得，在世間的飲食史上，歷史悠久，文

化深厚，人才輩出，一系列蔚成鬱秀的美食家與飲食著述，足以顯見根本的平凡民眾均有一副以精緻食物為優美享受的情懷。

而中華熱土上雖有不少人篤信道家煉丹修仙或佛門食齋長壽的宗教話語，但古時宰執伊尹聖人孔丘，今日工農兵商男女老少無一驚歎「食不厭精，膾不厭細」的言論絕妙。作者喜食人間煙火，樂作凡塵俗人，只不過在品嘗原味傳統的同時吃出了一連串味處之味。

曹魏文帝能夠寫出一手好詩文，也能夠詔諭天下「三世長者知衣服，五世長者知飲食」的衣食道理。其父孟德丞相也有如此能耐，望著吃之無肉棄之有味的雞肋，竟然道出心中煩鬱卻為命中該亡的楊修狂生潑了一桶冷水。

昔日百姓貪苦，路野見白骨；富貴奢靡，門縫飄肉香。難怪曹氏大才子，一紙《紅樓夢》寫盡了賈氏貴府的珍味華美，不難發現，過去的飲食文化是大戶人家的開心事。

而朱振藩，一副會享受平常生活的性情中人模樣，在飲食領域裏力行一種新平民美食文化理念，引導每一位生活凡人去感受或高檔或常見的食材精作，全方位地用心感與口感來享受食物的真正味道和文化的醇厚內涵。

朱振藩視東坡肉為紅燒極品。外觀漂亮，油光泛紅，提起則搖晃略顫的紅燒肉，曾惹到影片《飲食男女》的觀眾如聞其香、欲嘗其味；又饞得作者想起大文學家蘇軾因詩取禍又因禍修福的沉浮人生，一邊於詩詞境界創造了新的突破和轉變，一邊想惜福延年燒製成佳餚東坡肉；既瞭解了製作東坡肉的鍋具火候之類，又細說了今時東坡肉的食坊新作等等，還揭密了東坡肉雖創在黃州卻不見於湖北菜譜而顯名為杭州特色的那個名堂。

　　朱振藩不迷信曾言傳「論蔬菜之美者，曰清，曰潔，曰芳馥，曰鬆脆而已矣」的《閒情偶寄》，不重視其作者揚言「至鮮至美之物」推薦於筍之後的高論，以明時燒香菇入列宮廷菜單近期嘗食鮮美脆爽的美白菇作了一次事實性證明。他在煉珍堂吃竹蓀大呼過癮，於大福莊食松蕈飄飄欲仙，甚至品味有著「山珍之最」美譽的雞樅，尋到了與清時史家趙翼口有同嗜、情有同鍾、文有同醇的感覺，重新為「上帝的食品」中國人的「山珍」進行了味道與營養的價值定位。

　　朱振藩吃著紅樓宴上的胭脂鵝脯、茄鯗、小巧鴿蛋、炸鵪鶉、黃芽菜煨火腿、牛乳蒸羊羔以及唯一的素菜雞髓筍等，吃出了王熙鳳的精明、劉姥姥的搞笑和史太君的奢華還有曹雪芹的健筆與睿智，吃出了大廚陳力榮推出古典文學宴席創新蘇菜名揚食林的匠心獨運。

　　朱振藩身秉持弘揚中華美食文化的決心與用心，著成一篇年節食俗大觀，把滿貼中國標識的隆重年夜飯和豐富年夜菜，寫得諧意洋洋，妙喻連連，涵蘊其中的吉祥意思如同雪後陽光溫透台灣、蘇州、安慶等人民的心頭，吃雞祈願吉祥如意，包餃子寓意更歲交子；甚至是平常農家都有的一碟腐乳，都因音近「福祿」而尤為天下中國人珍視，哪怕是在吃鮮魚臘肉或山海味的時分。

　　細讀朱振藩或濃粹或清淡的不同菜系不同系式的熱鍋冷碟，不由歡賞作者用心品吃出菜餚的不同風味不同內涵的美食評說，更是飲食他專心借助於文化的意義符號解讀美食的學人情意。

　　吃是一門藝術，固然包含了品味與感悟的雙重涵意。

　　品其真味，悟其中實感，但不可聞知其香觀察其形，而妄語已感受其味悟領其道。吃進了精粗食物，吃出人生況味。而不同時空

環境不同文化熏染中的不同人物不分老少皆為飲食男女，為的也是吃，不論是最原味的菜蔬還是最名貴的珍饈，目的只是一吃字罷了。

可能有人因吃得華美腴膩，也有人因食得質樸脆爽，而都想作一次易味咀嚼，但他們味蕾中的吃食就是一份痛快的享受。從中，也明白什麼是吃食人間的快樂道理。

朱振藩以吃而思為能耐，以堪稱美食品味心經的《食在凡間》為時人甚至後人於中華美食文化傳承與弘揚之際提供了真性情的品味與書寫，其中如同熱流淌走的深厚傳統文化底蘊亦伴隨內容彰顯的「當下性」與「人間性」而默煥光彩，給人一份現時代生活如飲食與閱讀的美感和快感，哪怕是漫談飲食製作爐灶爐具的演進，還是摭談古往今來喜筵趣聞的風行。

（原載《中國食品報》2006 年 4 月 21 日）

有一種榮譽叫「美食家」

　　文化和歷史，由時人創造，也為後人傳承。古人司馬遷因禍成文，著成一體列傳，為當時思想家、政治家、詩文家、軍事家、俠客、商賈乃至市井小人傑出者作傳，記述這一系列人物於不同行業中彰顯特色深具影響的言行舉止。

　　今人朱振藩吃在嘴裏，記在腦裏，想在心裏，把通過爬梳史籍、鉤沉史實得來精彩的珍異菜譜，用文字寫進與之締結時人傳說後人重溫的食林情緣。

　　食，是一門藝術，也是一種文化。《食家列傳》（嶽麓書社 2006年 1 月版）的傳主們無一不為史上留名今時揚名的凡塵中人，其中不乏蘇軾、陸游、張岱、李漁、袁枚、李調元之流的文字大家。同時，更有口福無限的帝王顯貴與人們好奇的皇家美食豪門佳味，以及名賈食林開派傳薪的民間大廚，一一為善工筆墨的朱氏勾畫了了。

　　儒家與法家都奉信「民以食為天」，行仁政，施王道，最堅實的基礎是能夠解決好了民眾的溫飽問題。然，多於口福的會吃之人古來少為世人所重。

　　不少人為了吃玩享樂，競逐奢華，幾近癡迷忘我的境界；也有為數良多的人士擅長品嘗食物的精粗美劣，靜心默思，終於讓後人於其文字中覓得幾分飲食生平或割烹道理。朱振藩既能舌辨五味，又能筆記三思，把川菜一代大廚黃敬臨、名揚東坡魚肉的居士蘇軾、「亙古男兒一放翁」的陸游、光揚湘菜美名的譚延闓以及楊度、張

通之、唐魯孫、梁實秋、高陽（許晏駢）、陳夢因、李喆人、汪曾祺、周作人等近現代名流，甚至不曾名見食林經傳的明代散文大家張岱，都或多或少地用美食文字進行一個特寫。

朱振藩認為飲食之道，必因每個人的資質、素養、體質、情境而大異其趣，而且懂得陽春白雪的上焉者，每與只會下里巴人的下焉者既難調和，也不難搭調，意見相左，此乃常態，不足不怪。

本以詩文詞賦、書法圖畫名垂青史的蘇軾，於「馳騁翰墨，其文一變」之餘，卻以「口體之欲」詮釋了孔夫子「食」為「性也」的道理，先後謫官杭州、黃州，更以東坡肉、東坡魚的香香味道悠悠典故，在其原有的大文豪、大書家的名片上添上老饕客的榮譽頭銜。

曾寫詩數量退居第二的陸游，滿懷情思，寫的愛國詩和愛情詩分別贏得了千萬後人的贊許和唐氏表妹的紅淚，同時以《飯後戲作》、《思蜀》、《蔬食戲書》等詩，寫盡了千年川菜的魅力，寫出了一代食家的悲趣。

有清一代的才俊大家袁枚閑隱小倉山麓，推出一卷《隨園食單》詳敘三百四十二種菜餚、飯點、茶酒的製作方法，既渲染了大量江浙兩地傳統風味的精緻，又宣傳了少許京魯粵皖等地方菜式的典雅，還張揚了一些宮廷官府美味佳餚的華美，所憾的是漏列黃河鯉魚而為曾作大員又是老饕的梁章鉅著文所輕。

在中國十六大菜系之中，湘菜以辣味為魂，吃出了「沒有辣椒吃不下飯」的湖南人氣魄，知名政客譚延闓和譚廚們愛吃辣味，精吃辣性，吃成了「沒有辣椒不算菜，一辣勝佳餚」的湖湘佳話，吃出了一道「祖庵菜」位列中國名菜之林。

在帝王系列的美食家亦不泛其人，商湯先嘗五味而覓得「廚神」伊尹為定國良弼，漢高祖身登大寶對忠於原味的市井之食好尚依舊，北魏孝文帝只為嗜食馮氏貴人烹製的鵝掌而專寵後宮，隋煬帝愛吃金齏玉膾、縷金龍鳳蟹、辣驕羊等散見於前人筆記知名於後人傳說，唐玄宗喜食鹿肉竟分賞於後亂其政的愛將安祿山，宋高宗樂於精美的張氏御宴而偏安一隅，明太祖喜歡的臭豆腐至今仍是廣受人們懷念的平民食物，清聖祖對喜歡的美味更是自己動手燒烤⋯⋯

在朱振藩的筆下，為老饕們傳記人生，緊扣中國歷史食家與廚師的故事題材，不僅寫出了許多文人、君王、官吏的飲食情結，還刻寫了不少食神、廚師、廚娘的食林生涯，汪洋宏肆，鮮活傳奇，把一系列食林有緣人的饞味、饕性和吃勁一一靜靜地或工筆或速寫，導引讀者於窺看之間發現幾式特色菜餚的食材與烹調。

吃食美味，應當是一種幸福。但，如果沒有口福的人，不辨珍饈美饌，難分苦辣酸甜，縱然強求幸致，也不過是學一回囫圇吞食人參果的豬八戒罷了。

朱振藩身為當下最為知名的台灣美食專欄作家，不效社會上工於對美食佳餚品頭論足的所謂美食批評家風采，毅然仰藉自身豐厚的文史知識與豐贍的掌故學理，以及豐富的珍貴菜譜，形諸雖求見仁見智但為平實冷靜的文字，為古往今來不為職業卻是精業的中國美食大家作文成傳，也為涵容其中靜然生發斐然弘揚的中國傳統文化謳歌銘著。《食家列傳》，一卷小書，仍為黃皮膚的食家們繼絕學，不失一部力作酬求中華飲食文化之大昌。

（原載《教材週刊》2006 年 9 月 15 日）

味蕾中的一份美麗

　　一個會吃的人，無論是吃食山間珍饈海中鮮味還是品嘗家常菜蔬平日湯點，總能吃出一點味道，或為苦辣辛鹹，或知喜憂哀樂。質言之，他是為了明曉生存而吃食，往往能吃成了生活的五味精彩。

　　朱振藩，本為一介文弱書生，卻於吃的方面完成了愛吃不疲思吃不息寫吃不倦的癡情兒男。他邊吃邊想，邊品邊論，竟然以談食說藝的心情和勁兒，把近三年來不論小酌還是大宴之後的零星瑣記，連成了一卷似為大話卻為細語的《食味萬千》（嶽麓書社 2006年 1 月版），漫談他的選擇性愛吃，細敘他的專業性善吃，擷論他的感悟性會吃。

　　吃下了食物，品出了味道，走在他曾經漫步的江浙美味、北味搜珍、南味尋奇、寶島佳饌、創意經典、異國精髓、難再滋味的朱氏命名食街，油然驚羨他能吃會論的口福與口感，又是歆慕他工品長思的心情和心性，更是希望循一回凌波微步的仙子妙影，於朱氏美食芳徑上發現幾式美味的存在。

　　古時王侯近日百姓，沒有一個敢質疑「國以民為本，民以食為天」的儒家道理。吃穿住行，食居首席。或觀光於天南地北，或踏青於山頂川尾，遊子們心中所思，眼中所見，無一不是先解決好口中所欲。

　　滿足了一時口感，完成了一途樂旅與苦行的一半，終有數言幾句寫進了一次快樂的記憶。朱振藩為了追求一份至高無上的食福，

屢屢走近大江南北的各式菜館，於吃得津津有味的同時，感知了什麼原味傳統，什麼是創新變化，悄然在時光疾步的日子品嘗到了良好的廚藝與不同的環境能做成味道萬萬千的飲食文化真諦。

有人愛食西洋烹調的牛排半生半熟，有人樂吃東方炸炒的辣椒間青間黃，而朱振藩一副質樸神思摸樣，一懷生活人生性情，吃著能為傳統原味派的美食論家點評是精粹的菜餚，亦能細嚼慢嚥細品慢說，結果是評說得頭頭是道。

同樣是吃食江浙美味，他對三分俗氣的油燜桂筍之類能屢吃不厭，因為選擇的桂筍爽脆有勁尤能提振食欲，竟生發堪與中種大莊所制者互爭短長的感喟，誠邀交好的名士淑媛歡聚一起開一個超級吃會；吃著翠滿園裏食界奇才掌勺的雞粒豆腐味蕾為之大振，吟成一句「會宴皆因千菜好，賓餐端整百味香」，不由哀歎飲食亂流肆虐的時代，毫無基礎功夫的人竟狂語所謂創意，卻只是流入色相稱尊怪味橫行食德頓失而為知味識味的人鄙夷不止。

同樣是品味創意經典，孔府菜具製作精細、注重營養、豪華奢侈、講究禮儀等特點，有著獨特的廚房體制廚藝傳承食材選擇的規定，有著特別的筵席安排菜餚命名菜式作工的考究，尤其是有著它擁有的「天下第一家」的文化背景和政治背景；紅樓夢仰仗紅壁生輝、雕樑畫棟、裝潢典雅的外表借助於曹雪芹老大作的美名，頻仍端上湯頭清澈卻味淡顯醇的麻辣龍鍋、湯頭鮮醇微腥含香的三鮮鳳鍋、湯頭甘美酸鹹清淡的紅糟鳳鍋，吃得作者想起了宋應星、李時珍、蘇東坡等古文化名人的些許評談。

又同樣是尋覓難再滋味，他一邊默記清人李鬥《揚州畫舫錄》中的妙句，一邊吃著曾為清帝道光隆冬大雪時分最愛的炸響鈴兒，

入口時鹹酥爽脆吱吱作響，入胃時香醇味濃熱熱猶好，讓人於一種至善的境界發現「家廚風味絕勝臻」。

走進薈萃絕美蘇菜的聚豐園，吃著豆板酥、砂鍋魚頭、醬排骨之類，不由想起了尾隨父執輩吃食蘇式菜餚的情景，想起了並不遙遠的無錫的老食客與護城河，今時身邊的聚豐園雖是歇業，心中的無錫菜依舊是醇鮮不膩的滋味。

就是如此地吃著，也是如此地想著，更是把自己於吃食時的如何觀察怎樣品嘗的淡淡記憶，悄悄地寫成了引人欲食領人知味另一番濃濃的苦酸甜辣。

唐詩人杜甫之所以筆寫「詩史」尤見歷時愈為抑揚頓挫，當與其「破萬卷書，行萬里路」的訣竅大有關係，因為他得到了人生況味的歷練。

今食家朱振藩勤於品食善於思索，仔細地在台灣的大街小巷之間作或慢步或疾走的尋食運動，終於把料理店的菜餚翹楚、大廚師的經典手藝、老饕家的飲食心經巧妙地編織起來。

絲縷明瞭，風味新異，雖只是文字，卻能動人垂涎。

尤其是他於平日裏吃到的一系列不同風味的私家菜、名家烹調的特製菜時所思想的一一敘述成文，其中既有他精心鑽研食材選擇的記錄，又有他靜心剖析食品手藝的思路，更有他專心弘揚中華美食文化的一份赤子情懷。

透過朱振藩於《食味萬千》中夾雜的中華美食菜單，不由想起往往是翻箱倒櫃地尋吃偏偏能得到一份美味的童趣愜意。難怪讀著「弱水三千，獨取一瓢飲」靜靜用筆力、心力和情力流走美食言語的作者，竟然聲稱：「吃吃喝喝，真是個絕妙的事情，只要能心滿足，整個世界將無限美好。」

也許品嘗多了食物，味蕾中的味道也就多了，有酸甜苦辣，也有喜怒哀樂，然善於生活的平常人卻得到了一份快樂和美麗。

（原載光明網‧讀書 2006 年 2 月 23 日）

與美酒締結情緣

人生在世，輪迴的意識只為一時間內的幻念，但，活著總是有一些所謂嗜好而絆絆牽牽。沒想到，偶與塵寰俗物發生一次親密接觸，卻已是執著的情一片，癡迷的心一顆。

有人品茶一盅，能味出一卷心經素箋傳誦千年；有人弈棋一盤，也參透一頁人生涵義誨教萬人。

今人朱振藩，本為當下台灣最為知名的食府寫手，竟就得一碟菜蔬、一串羊肉，品出了一系列寫給酒的通俗文化與精緻文字。能夠以文本囊括上百種中國美酒予以一一的深入淺出的詮釋，把關於酒的來源、釀造、口感與入菜等，用浸透著酒香與酒味的言語，為時下已不善樂讀文字但喜暢飲佳釀的人們，提供饒有情趣的品酒寶典。

這可能就是朱寫作《癡酒：頂級中國酒品鑒》（嶽麓書社 2006年 6 月版）的行文思路吧。

悟讀過朱振藩談食說藝的美食文字，感覺中他是一位經受傳統文化熏陶深厚又為西方文明感染的雅士。有些親切，也有些清高，於每一篇透著他的饞性和豪興的尺幅之間，不難讀懂他有長作塵世性情中人的心思與熱忱。曾經以一副紳士模樣出入於伏特加、威士卡、白蘭地、百齡壇、奇瓦士之類西洋精釀左右，他卻一直無法割捨滿貼中國標識的白酒、黃酒及配製酒。

在他的品飲人生中，洋河大麴、景陽春、杜康酒、瀘州老窖、劍南春、五糧液、酒鬼、紅星二鍋頭、雙溝大麴、西鳳酒、沱牌曲酒、茅台酒、汾酒、津酒、孔府家酒以及紹興的花雕等等，一一啜飲，一一品味，喝進的是酒精與氣力，呼出的是文化與智慧。他工於記錄酒的文字，也長於豪飲酒的文脈，於不經意之間喝出了酒中情緣，無上，無悔。

古往今來，銅黃熱土地上，自傳言杜康製酒伊始，紅白喜宴，朋輩小酌，文客集會，農人生產……都或多或少地藉幾縷酒香裝點氣氛。

酒，能誤事，挖成酒池的商紂選擇了鹿台自焚，詞寫酒興的後主長歎春花秋月，酒後吐真言常教多少邪惡自首，酒中馭輕騎頻引警笛長鳴。

然，魏武揮鞭當是酒勁助長逸興飛舞，清蓮作詩端賴酒性瘞盡憂愁無奈，君不見把酒言歡忘卻平常生活中的煩心事，時有才子佳人牽手漫步燈紅酒綠之間笑語盈盈。

新近十餘年來，國內酒業勃興，企業化的經營理念與模式促成品繁增，而嗜酒的朱氏目迷五色卻非舌亂七味，依然能以一副獨具個性的喉嚨飲品各式美酒，既有同感於中國白酒「強化口味、突出個性、功能獨特」的發展方向，又能提議出不恭維品酒方家們首推「淡化香氣」的釀製主張。

似得詩仙太白幾分真傳的朱家酒徒，無論是於內心深處還是靈魂高處，酒香濃淡只能天成自然，並非什麼一種市場經濟觀照下的添加物質。

雖言今時酒業盛傳白酒又添豉香型、芝麻香型、特香型及鳳香型四種，而獨有心思的朱振藩不效顰人意評說，毅然於傳統的六味香型中品說自己的酒中激情與樂趣。

喝著五糧液，他能以無色透明的酒液、開瓶撲鼻的酒香、醇厚諧調的酒味和甘綿淨爽的酒感，喝知一滴沾唇滿口香。

品後空杯尚留滿室香的茅台酒，酒液微黃晶亮、醬香撲鼻突出、酒體豐厚、口味優雅細膩。

北京二鍋頭，酒香諧調、酒性鮮明、口感爽淨、最易乾懷，在他的眼裏，勁爽飆冽一杯盡，可以說是中國白酒裏相當經濟實惠的選擇。

瀏陽小曲，酒液清亮、酒香醇雅、口感甜爽、回味怡暢，於他的筆下，珍品清雅情酣然，不難言是釀法小眾與香型偏鋒的精妙結合。

能於「長沙第一泉」中提煉，可在馬王堆帛書覓影，難怪一盅白沙液，無色透明卻香韻濃濃，無愧於偉人毛澤東盛讚「長沙水」的殊榮。

美與鳳翔婦人手同齊，名留司馬氏史記傳世，千古佳釀西鳳酒，清亮透明又清美釅釅，陶醉了詞聖蘇東坡狂言「喝不醉」寫親情。

朱振藩的筆尖沒有化作精雕細刻的鋼刃，而他的思維在熟悉的濃香型、醬香型、清香型、米香型、兼香型和其他香型等六類白酒中作了一次博聞慢味的遊歷。

他是一個有心之人，善於計謀，一邊把民族傳承的麥曲稻米黃酒、紅麴稻米黃酒以及非稻米系列的黏米黃酒喝了一個痛快淋漓，也寫了一行情趣盎然。

他坐飲南北妙液，精思古今諧文，不僅喝出了元紅、加飯、善釀、香雪之類的紹興黃酒系列的不同口感和故事，而且發現了蘇州醇香酒、南城麻妙酒、順義益壽酒、南平首莉青等等中華黃酒系列的不同釀造與佳話。

尤其是他著力於介紹其暢品動、植物藥材和花果配製酒，以及葡萄酒時的大快朵頤與幾瓣心思，更引人歡驚其聞著不同的酒香，觀著不同的酒液，味著不同的口感，卻能悟出相同的酒意。那就是喝酒不是為了詮解「今朝有酒今朝醉」的無奪，又非為了宣洩「一杯濁酒喜相逢」的欣悅。

往往能一盤冷食、一碟熱菜、一罈清酒，也可以讓人品飲得有滋有味。

因為在他的心中已經悄然成就了自然人生的關於酒的文字，進一步思考和闡釋本為平實但又豐富的具有中國民族特色的酒文化。這是一種心境，一種心性。

朗朗晴空常為多情人兒開，悠悠歲月一杯清酒舒心懷。美酒能助長豪性，也能平靜心情。有著台灣美食大師美譽的朱振藩，好食，也喜酒，更是樂以珍饌配佳釀而食，在中國內地推出《食味萬千》、《食家列傳》、《食隨知味》和《食在凡間》不久，再次用他飽蘸中華傳統文化墨汁的文筆，寫作成《癡酒：頂級中國酒品鑒》，一懷虔誠的食家與酒客的樸素心理，導引時人去瞭解和悟讀中國酒文化的真正內涵。同時，冷靜地審視中國市場經濟條件下的酒業非常規競爭與推銷，隱約凸現一分憂思，欲在酌鑒中國頂級酒種的過程提升酒文化的價值與品位。

其實，上下五千年美酒添溫馨，睿智可傾囊長作平凡人。美酒當前，熟諳酒理的朱氏知曉，多少才子巧吟絕妙問佳麗，幾許癡愚悄然生情變聰明，因為喝一口美酒可以不去計算自己的幾日輕鬆。

（原載《湖南日報》2006 年 11 月 17 日）

釋放花氣和神氣的美食文字

　　能夠帶著幾分文字的詼諧，寫著平日所吃的食物，寫得滋味自具，也寫得圈點可評，讓人讀到一縷清新花氣和一絲自然神氣，也許這就是蔡珠兒的美食情結吧。

　　初識蔡氏的文字，油然有著一種清醇毫無膩味的感覺，如同吃食家中菜蔬雖是熟悉但不厭煩那般，好想輕輕地又靜靜地泳遊其中。

　　《紅燜廚娘》（嶽麓書社 2006 年 12 月版）新近在中國大陸推出，不覺之間我又一次慢慢走在蔡氏美食文字左右，很想聞到溫馨和芳潤，哪怕很少很少。只是一星點，那都是希望出現和理想實現的開始。

　　素有「花精靈」妙譽的蔡珠兒總是拿著漢字下廚，在文學和料理之間來去從容，宛如一翼彩色蝴蝶，身段輕輕，微笑頻頻，飄舞翩翩更是描畫美食文字的極致和妙趣。我內心深處同時有了她和她的美食文字的另一番模樣。

　　蔡珠兒會寫，也懂得吃，但，她吃著的不是富貴人士的珍稀食品，也不是風情洋溢的特色味道，只是平凡人家的日常食物；寫的不是文言謅謅的之乎者也，亦非表現自己的食家筆記，只有色彩素列、味道普通和感受不少的心路歷程。

　　翻讀她「以文字下廚，用文學烹飪」的《紅燜廚娘》，發現她已經脫下文字專家的外套，用自己在廚房內外的觀察和領悟，寫出了屬於她也悄然熏染他人的生活心得。

對於蔡珠兒來說，無論是鮮啖、煮炒，還是蒸熬、燜烤，或是挑嘴、外食，她都能做得像模像樣，吃得有滋有味，也把自己的切身體會一一寫了出來，中間似乎有些有所失又有所思的成分。

她全然性情女子模樣，借助著吃的這一種生存之道，在不經意之間不徐不急地說出自己的人生思考。寫不同種類或不同形式的吃，卻很少可以去講究吃的藝術，也沒有過於細想吃食後的際遇與滄桑。

她和一位故友吃過嬌柔軟豔的覆盆子，曾經是津津有味，只是沒有想到若干年後，偶然發現當初所食的佳品原為偉哥的天然化身，原想滋陰養顏卻吃到了固精壯陽的鮮果，大呼補錯了欲告之朋友又突然想起朋友已經生活在另一世界。

在平靜的敘述話語當中，很難找尋到做作和忸怩的痕跡，就算蔡珠兒不時生發小女人思維，但總的感覺是一種純真生活和你輕輕牽手的愜意。

吃了幾回絲瓜，僅僅因為不同場合也寫活了廣東人、台灣人和北京人在生活上的追求與性情。

吃著傳統手藝下的麻婆豆腐，想到香港、上海及成都不同地方的風味，最後還是得出了家常小灶和飯館經營的真正區別。

哪怕是一位外國太太又黑又硬的聖誕糕，也讓有心的作者用思想針線一時間內縫緊了多年的感動。

就因為一碟紹興乾菜，蔡珠兒考量經濟時代的人們開起了三味茶樓、阿Q飯店、鹹亨酒店，賣開了孔乙己土產、楊二嫂麻辣鍋之類，更是著力刻畫魯迅過後數十年國民的所謂文化產業精神……蔡珠兒對著豬油拌飯、瓜子、河粉、老蔡肉粽之類，總有近似匪夷所思而又情理自然的想法，成為了異常快樂的啟示。

即使是走出小屋，走近了婆羅洲、法蘭度，她最大的心思就是走進不同於自家風味的風味了，說不準又是一個美的開始，不管是食品還是文字。西方哲人說過美是難的。

其實，透視大千世界，美又是容易的，就如蔡珠兒寫給生活的文字、《紅燜廚娘》料理文學的涵蘊。

初版上市，《紅燜廚娘》榮登台灣最大最有風格的「誠品書店暢銷書排行榜」達數月之久，同時獲得《中國時報》開卷好書獎美好生活推薦書、《聯合報》讀書人年度最佳書獎。——的一切，都是由於蔡珠兒善於抓住生活與文化，喜歡從不同方面娓娓細談各味食品、各色食材的身家故事、料理方式和自己的私房心得。

把閱讀的目光放牧在《紅燜廚娘》的字裏行間，不難發現這裏最多的是一種自然心情的釋放，更多的是可以透過一卷飲食讀本，得到傳統文化與現代生活對接的鮮活映象。

她寫的風物並非台灣的特有，我們的身邊隨時隨地都能找到這些充滿情趣的美食材料，尤其是她的那種文化表達和思維表現，與我們的有著血與魂的親近。在增長見聞知識的同時，我們更是從中體會一個饞嘴的廚娘在生活、飲食和烹調中攝取樂趣的睿智與慧心。

蔡珠兒善於以音樂作伴，勤於和氣氛交心，欣於用文字追索美味，無限地釋放清香而親切的花氣與神氣。

現代生活中的家庭主婦，多多少少與油鹽醬醋進行了幾回親密接觸，總是有些或大或小的嘮叨。而甘心兼任紅燜廚娘的蔡珠兒，似乎帶著某種機心走在廚房、書房和餐廳之間，手執鍋鏟、纖筆與筷子，輕鬆、自如，毫無料理文字、料理生活的艱難心神牽牽絆絆，

更是借用秀雅女子的靈性將文學佳話裏的主角化身為一道道的美饌佳餚。

（原載《湖南日報》2007 年 3 月 23 日）

追索美味，哪怕是瘋狂

　　古往今來不少可愛的人兒，帶著和不同美食締結不了情緣的心思，吃進了各色風味，也寫出了異彩文字。善吃者又會寫者，如遠者蘇東坡、近人梁實秋，前者把一方東坡肉吃成了千年盛譽，後者居雅舍談吃驚服著四海眾生。

　　但，能以一懷別樣性情，自說為「怪獸，老饕和饞貓」的，也許只有蔡珠兒了。不知道是由於長於文章的因緣，讓她的廚房有著香格里拉的吉祥靈氣；還是因為喜好吃食，使她的料理洋溢溫馨花氣的文字魅力。

　　蔡珠兒，深諳傳統文化與西方文化精神對接，雖是多年新聞媒質的從業者，但是一直廝守著前輩秀雅女子的靈性與睿智。從她寫在《饕餮書》（嶽麓書社 2006 年 12 月版）的字裏行間，不難發現她擅長與生活親密交往，認真做好了一個有心人。

　　寫著關於美食的文字，她沒有過多地過往於高級食府和山珍海味之間，只是有力地抓住了平時生活中的普通食品，哪怕是一個粽子、一碗小米粥。然，正是因為她樂於吃吃寫寫，不經意的時候她滿懷癡情，把吃進的食物化盡了一時說不夠的人生真義，讓流走的文字伴隨著特別思維帶給人更多的愜意和乾淨。

　　活在天地之間，時有無限靈氣洗心潤眼，時有風雨陽光和你同行。但，因為有著味蕾的存在，喜歡吃、崇尚吃的大有人在，更有

人願意把自己吃出的感受與想法一一寫了出來，從另一個角度掩飾或張揚追求吃喝、講究飲食的小我心神。

蔡珠兒藉著東坡的好賦和妙趣，寫成了美食文化甚至是現實生活中可愛的怪獸出現、老饕幻化和饞貓重出，帶著一定的機心與慧心，把食物的春秋代序、身世察考、香港氛圍和小道可觀感悟出一番清新及亮麗。

雖然，蔡珠兒與眾多飲食文學寫作者一般，都是一邊吃食一邊作文，在將菜餚做得色香兼美的同時，把文字寫得不見妖嬈多出饞性。她時常穿上圍裙，守著爐火，砧板上擱著一疊文獻史料、專書剪報，還有幾把白晃晃的刀，一片癡情貌。舉凡簣裏時蔬、鍋內魚肉、案上鮮果，皆有來歷典故，無一不沾染古墨、暗合時潮。每一行文字或一系列標點，表面看是展廚藝以饗知交，骨子裏是書寫著一個時代與民族文化承傳的謹慎和自豪，在深層次上寫出了獨特的典麗與平靜，還有幾分和其他飲食文學寫作者不同的著力與切入。

古人寫吃，不是題詩就是宣洩幾段文字，總不忘寫寫自己的無題情思和煩憂，很少有人多幾許幽趣讓人深為同感嘆服不已。

今者蔡珠兒寫在《饕餮書》中的平實，飛旋的多為生活的映象，滿足的更是自己的熟悉和歡樂。

她把台式燒肉粽喻為鄉土情結和私密皈依，在包粽的過程中找到了鄉愁釋放與記憶重建的最佳依託，無論是採買選料，還是製造作為粽子精華與靈魂的滷肉，以及浸泡蝦米、花生、栗子、粽葉和糯米等等之類，直到包好，送人，她都能感覺到輕鬆與開心。

她不因國人吃食大閘蟹吃得出神入化吃出幽深精粹而喜，平心靜氣地將那種充滿情趣的大閘蟹美味神話反思成一種並非無名的麻醉沉溺，就是因為幾碟可能引人饞性劇增吃像變形的大閘蟹，她不

甘心去埋頭細啃，不樂意在蟹殼刻故事，想到了唐宋以來的節令飲食傳統和美食意義，知曉了元畫家倪雲林、明作家張岱、清曲家李漁的癡迷佳話，明白了大哲人魯迅寫文怒斥法海的真正含義和時人的飲食勝利法。

她以一連串的聯想，由影片《墮落天使》、《九龍冰室》、《行運一條龍》等等分別想起了黎明、鄭伊健、周星馳之流所扮演角色在現實面前的無奈，循著人們對茶餐廳的熟悉與好奇尋知其中的隱私和真實，甚至巧妙地指出了帶著濃厚草根味的茶餐廳不僅是香港市井文化的鮮明象徵，而且在蠱惑仔的幫派內訌和外侮爭鬥中具有精神認同，還在很大程度上成為了香港社會的極小化。

她再一次以「我愛你，就像鮮肉需要鹽」的歡呼，借力於食物與權力的精微辯證，重解了李爾王的感情迷失與人性新生，鮮活地把大至無法指畫邊際的政治或其他都在人的身心口舌之間找出了有趣的具象反映，她也知道像春秋時期的管仲、有漢一代的桓寬、法國的大革命、甘地的真理之戰等等，都是最為鮮明的政治與鹽的話劇。

人世間原無曹雪芹寫在大觀園裏的佳饌瓊液，藍天下多為神仙不食人間煙火的童話流傳，但是，有了蔡珠兒似的先人和時人，總是把最為平平凡凡普普通通的菜蔬、茶汁弄得色香盈盈，也吃得津津有味。

在蔡氏的思想中，吃的過程不僅僅停留於單純的營養層面，她能通過慢慢的長時間的咀嚼找尋到一種生活真味，同時在追索美味的時分發現另一份生存意義，不論是一碗憂鬱的老火湯、一塊團圓的月餅，還是一秀清宮的滿漢全席、一盤炒飯的身世之迷，或者是在幾碟私家菜中窺見一門社會學問、SARS 猖獗時期沒有雞吃的難

熬，甚至是就著米酒、伏加特、二鍋頭、洋芋片和年菜之類想像出幾許哲學和禪意。

於《饕餮書》的文字裏，更多的是珍藏著給人親切耐人韻味的幽情，乾淨，清新，沒有絲毫拖泥帶水的造作痕跡，自然地勾畫著食物與人和社會的關係，而沒有刻意去追問美食及吃喝的形式主義。

戲言饕餮，蔡珠兒沒有美食家或美文家的架子，全身心在歡快的旋律中戲說自己對人與自然的認同和遺憾。

不說她的飲食觀是一種難得的創新，但能如此借助生活文字，欲言自己大饕、饞貓的食性與饞心，卻在塵寰深處捕捉到了一些光怪陸離的東西，哪怕是一回移行換步的戲法，似乎有著幾分瘋狂，又有著幾分平靜與祥和。

（原載《中國新聞出版報》2007 年 6 月 15 日）

湘菜品味待君嘗

　　話及湘菜，人們便會油然想起或綠或紅的辣椒。當紅歌唱家宋祖英唱起《辣妹子》來，韻味十足，風情萬千，讓外人頓時歆羨湘女的溫柔潑辣；而毛主席更是一語驚人，「不吃辣椒不革命」，曾使喝酒逞性的蘇聯老大哥嘗之咋舌、聞之生畏。許多人自知湘菜吃之過癮、嘗之有味，但多以為廚師們喜歡抓一把辣椒當作料，讓人雖想大快朵頤、又懼辣味刺喉。確乎，湘菜中少不得辣椒做主料，但絕非辣得過分、辛得無章。當你翻讀范命輝《湘菜六味》（湖南科學技術出版社 2010 年 1 月版），自然會發現湘菜真味何在，辣趣何來。

　　何謂六味？范命輝以為湘菜真諦在於料特而有味、藝巧而活味、香醇而開味、色靚而賦味、名雅而韻味、器絕而出味。其以一篇《湘菜再談》答記者問，借助平實的對話形式，解讀「和而不同，辣而不烈，酸而不酷」湘味之所以聞名，得益於湖南獨特的原料、湘地獨有的民間調料、廚師精到的烹飪技藝、長沙窯與醴陵瓷出品的瓦罐碟盤及湖湘文化的千百年浸染。人們在品嘗湘味時，不難聞到四川風味的辛辣，看到魯地味道的氣勢，發現維揚風格的影子，找到粵地菜餚的清香，無怪乎謫仙李白留連洞庭湖上高歌「白鷗閒不住，爭拂酒宴飛」，翰林曾廣鈞題詩「麻辣子雞湯泡肚，令人常憶玉樓東」。

　　火宮殿的小吃，一路吉祥的新派湘菜，西湖樓的精品土菜，湘臨天下的精品湘菜……千年湘菜，千滋百味。范命輝在《湘菜六味》中深入淺出地展示了湘菜源流、個性、緣分、印象、滋味等特質，將湘菜憑藉獨有的情趣和魅力引客上座的風度，來了一次暢快淋漓的述說。

　　范命輝寫湘菜歷史悠久的淵源、精彩多姿的文化，清新自然，肯綮入微，毫無學究抄書論史的固守與褊狹，他有自己的見解和主張。不論是談譚延闓於治軍理政之餘調教出名廚的軼事，還是說鹽商家廚辦起玉樓東聲名赫赫的趣聞，或是論懷素旅居長安難吃到湘地鮮魚而生病狂書《食魚帖》、田漢撰聯隱湘菜店名巧妙切題惹得郭沫若寫懷想、梁實秋於湘潭吃過臘肉後餘興難抑便在《雅舍談吃》中來一次系列化湘菜特寫、汪曾祺談湘菜幽默生趣寫出流利散文一篇接一篇，娓娓道來，清幽怡人，清晰地感受到把翔實史料通俗解讀的歡暢與樂趣。

　　作者情有獨鍾地抒發湘菜的諧和之美，毫不吝筆墨地刻畫調製美味的人物，寫他們的癡迷沉潛，寫他們的虔誠務實，寫他們在選材、配料、刀工、火候等諸多功夫上的精益求精，更是寫出了他們少為人知的修為和操行。湖南第一廚師譚奚庭雖為卑微的家廚出身，卻建起了百年名店；官府湘菜第一廚曹藎臣博識覃思，燒製出祖庵菜名揚海內；一代宗師石蔭祥年過九十，靜守書齋寫烹飪精髓；一代名廚王墨泉吃透百家，自成一家；中華名廚許菊雲好學敬業，頻頻出彩；幽默大師譚添三刀下絲細如線、片薄若紙；御廚大師聶厚忠技貫中西，愛與圍腰親……潛心專攻毛家菜的徐大斌，三十餘年以勺為樂，鑽研技藝，創新樣式，專取非飼料養大的韶山土黑皮豬為材燒製貌似土得清純、食之口頰生香的紅燒肉，在小灶台上炒

出了湘菜大品牌，曾作出「紅燒豬肉」和「紅燒豬腳」讓俄羅斯前總統葉爾欽食後讚不絕口，而在此前俄羅斯的豬腳多為飼狗之用。長期致力於推廣湘菜文化的范命輝知道寫湘菜，更要寫生成湘菜品牌的人們，即便是一般的配菜工、跑堂，只要曾有特色傳世，他都會為他們寫下精彩一筆。正是有了他筆下的、暫沒涉筆的湘廚們樂而不疲的歷練精神，才有了湘菜的濃香豐美與湘菜文化的致精品高。諸如他寫東安子雞、響蘿蔔絲、牛肉芋頭羹、辣椒炒肉、剁椒魚頭一類經典湘菜時，也是堅持寫廚師們的諸多打諢說趣和一心專研毫無牢騷。

當我們走近傳承湘菜文化的百年老店和千里名攤，如火宮殿、楊裕興、甘長順、玉樓東、德園、四娛馳之類，以及南門口、坡子街小吃一條街，自會慢慢感受到一種似雅又俗的美食文化。哪怕是坐在市井小吃攤邊，就著一碟空心菜、一盆口味蝦、一杯白沙啤，也能吃喝出幾句邪趣、一段情話。書中多幀圖片，就是此景此情的幾分剪影。

透視作者解讀湘味菜餚的言語，總有一種饞涎欲出迫不及待的衝動。坐在有著湘菜博物館之嘉譽的火宮殿裏，我們能夠點到曾國藩、左宗棠、唐生智等歷代政要名士大賈愛吃的佳餚，或品嘗一次湖湘民間特色風味菜的全套菜系，還可看看周立波緣何由一條才魚寫出「蝴蝶過河」、「飛燕下海」的十餘種菜名。

姑且不論湘菜可入大雅者，能讓人隔窗聞香、食後回味，就是幾碟小吃亦能使我頓時生津。不論寒冬臘月，還是炎炎夏日，妙齡少女由帥哥們牽在手裏偎在懷裏，漫步疾走似的尋找街頭飄逸臭豆腐香味的無名小攤。冬天清晨的少女少婦們，帶著一夜甜甜美夢或熱熱激情過後的歡悅，呷上一碗熱辣的雙燕餛飩才能擠進茫茫人群

開始新的一天工作，自然也自信，紅潤的嘴唇分外性感。一碟姊妹團子，竟是女兒的秀色、團子的佳味及火宮殿廟會的人氣作了一次精美融會，有人得意地談說姊妹團子形似少女嫩乳，色白如膚，豐盈圓滿，清新軟糯，看上一眼定會生發想吃一個的感覺，吃起來更是效習不少文人墨客傾倒在飲食男女的溫柔香裏。大大咧咧的男人唆螺，一口冰啤一顆螺，一辣一熱，一冷一燙，全身心地感受著大自然恩賜的刺激；尤其是鄰近的靚妹唆螺，纖纖蘭花指，潤潤紅嘴唇，一襲短裙露出白嫩細腿架起的二郎模樣，悠然歡欣，優雅醉人。這是我在范命輝專論湖南名小吃時看到的情境，而在《湘菜六味》中，我確是發現了有更多的人，情不自禁地走近或走上飄盈湘菜風情的特殊道路，他們慕名髮絲百葉的文氣而來，他們想在龍鳳缽裏看個究竟，他們期待偷得幾許湘菜真藝好回家試手博彩，當然也留下了多多少少地飄飛出幾絲得意的唏噓聲和幾縷女人味男人味的溫馨話語。

吃食美味離不開幾盞美酒相伴，品飲美酒少不了幾言美女的戲說。美味吃多了，美酒品多了，慢慢地也成就了一種似雅又俗的美食文化。無論是靜守在市井小攤邊品味，還是危坐在明窗高堂中鑒賞湘菜形體，食客們無一不想尋找到一種彰顯湘菜生命和湘人生活的本色。范命輝用一卷裝幀淡雅、行文酣暢、情思張揚的《湘菜六味》，讓我們在找尋辣的感覺時，發現一種似曾朦朧又似懵懂但清醒自然的情的痛快，感受到他對湘菜產業崛起、湘菜文化傳承的真實期待與理性擔當。

（原載《湖南日報》2010 年 2 月 17 日）

鄉愁是味覺上的思念

　　有人說，鄉愁是味覺上的思念，寧靜悠遠的南方，文章中細細地閑說歲月，童年的夢想，學生時代的遊戲與種植，一切都固化為悠然美境，讀著，時間也是香醇。

　　以前我嘆服過余光中老人身居孤島歡息「鄉愁是一張郵票」的精倫比喻，今時於《美食最鄉思》（嶽麓書社 2005 年 5 月版）之中，讚賞起古清生旅居京華吟唱「鄉愁是味覺上的思念」的美麗文字。

　　作為一名老地質工作者，古清生的步履慢慢地信步在大江南北的熱土地上，其味蕾靜靜地熏染在長城內外的鄉味小居，用不乏文采的平實言語，悠悠地抒寫出談飲論食的幾瓣心得。

　　他既寫了吃辣辣秋椒時對夏天的最後懷念，以及因秋天涼意引發的心靈上的震顫，又寫了行走於雁蕩山麓著浙醋和芥末吃蠐蟧的愜意，並嗟歡竹筷成為人之螯可以夾取生活與人生的諸多意義，還寫了吃空心的竹葉菜時，長時間遙思江南且在心間播種一抹綠意，開始學習虛心起來，更寫了於朵朵青綠間啜飲紫雲茶後，冀圖學作一襲布衣用幾簇綠意與一谷寧靜療治城市的荒漠和喧囂，甚至寫了在捕鱔的樂趣和吃鱔的快意之間悟知了一生中能夠體驗兩性的動物長於左右逢源的些許道理。

　　身兼業餘廚子和專業食客二任，在現實生活中吃盡目迷五色、鼻嗅五香、口嘗五味的山間小珍水中瓊饈，全然依憑與生俱來的饞

心和野性。同時，也念念不忘行走天下與筆記美食的工作，用盡隻言片語串聯讓人遊情大添、吃趣猶存、妒性激發的平淡話語、冷靜心境，悄然萌芽華夏風情中的苦辣酸甜。

幸好是在端午剛過的平靜夏夜品味古清生的美食文章，不然難免會因古清生尚算辛辣的飲食之道徒生幾許充饑時的尷尬與艱難。

於熟悉的家鄉已是百里之外或千里之遙的遊行，總有些許纖纖絆絆的孩提背景夾雜在現時的生活與飲食之中，也免不了在言傳夢旅他鄉的思緒中掛牽柴火燒熟的噴香鍋巴。

在古清生飄逸濃濃辣味的字裏行間，往往能讓人讀到一絲絲沒有過多遮掩的淡淡鄉愁。同時，也能透過作者於淺淺文字中思考當下生存的飲食詞句，偏偏易使人發現一縷縷至少還淳真的深深憂鬱。

兩千餘年前，大思想家孔老宣揚「食色，性也」的教條。縱觀幾千年的中國歷史，無論帝王將相，還是平民百姓，無一不是想盡法子鑽研飲食的美麗和營養。曹雪芹也是一個大吃家，在《紅樓夢》中總是不吝筆墨饒有聲色地寫盡榮國府裏的佳宴的盛大與精緻。然而，惟有南宋詞人稼軒居士在《水龍吟‧登建康賞心亭》暗懷情思地低唱：「休說鱸魚堪膾，盡西風，季鷹歸未？」已是齊王東曹掾的張季鷹雖居官洛陽，卻只見秋風起因思吳中菰菜蓴羹和鱸魚膾，默然辭任而返故園。

今時，在肯德基的雞腿、麥當勞的咖啡，星光閃爍地林立於浪漫人們的眼睛裏的瞬息片刻，古清生不倦地用通俗大方的筆觸，精心而流利地寫成飲食中華風物時的《美食最鄉思》。雖我也時而涉足飄蕩咖啡苦澀香味的地方，尋思一些漸已逝去久遠的淡淡記憶。

但在雖未開空調卻備感涼意的今夜，悟讀了一種涵蘊於美食之中的濃濃鄉思，對接了一懷古清生式又見雅俗的深深情性，熏染了一回鄉家小吃珍藏寧靜誠真的悠悠生活。

（原載《中國社會報》2005 年 6 月 25 日）

解構中，不斷追尋真情

　　真情缺失，是一個發人深思的話題。中西哲學家、寫作者之類的文化人，一直努力在不同層面進行著思考。作為新時期女性作家中的優秀代表，池莉一直是以日常生活尤其是武漢市民生活為題材，寫過醜陋與絕境，寫著美好和希望，從為了生存選擇「活命」走向心靈平靜性情平和，自始至終抓住了生活的艱辛和美麗。

　　長篇小說《所以》（人民文學出版社 2007 年 2 月版）作為對女主人公葉紫出生 40 年以來遭遇的種種否定的寫實，雖不是點滴勾畫，但已將 「文革」前後至改革開放期間的一般市民人物的性格與思想，作了一次或多或少的點染。同時，又結合葉紫普通又不平凡的人生遭際，對當下一些社會現實進行了否定性的懷疑與抗爭。

　　在武漢大學即將畢業的那個綠色歲月，葉紫與自以為美好的初戀不期而遇，她有了陶醉，似乎也有了滿足，但是就這樣被關淳及其家人騙婚；在孝感縣文化館開始了試婚的紅色時光，葉紫聽從了哥嫂的安排，終於有了回到大城市的機會，然而無愛的工作婚姻還沒有開始，就在準婚外情發生的同時與禹宏寬的婚姻擦肩而過；在武漢市文化局創作和創造了紫色人生，歷盡艱險和非議終於脫離了破壞軍婚和幸福的罵名，不厭其煩地為曾經的閨中密友修改濫劇本賺取生活補貼，本來想好好和導演華林廝守一生，選擇了閃電成婚，生養了愛情結晶，可結果卻仍沒有逃出被騙、被丈夫背叛的結局。

　　於愛情和婚姻面前，她屢敗屢戰最後以離婚的方式突出重圍；在家庭生活之中，她不過是父母不想生的孩子連名字都是戶籍民警取的。從出生、成長到讀名牌大學、參加工作、嫁人生子，她的生活中，母親的虐視始終是一種無法抹去的陰影。一切的一一，讓她備嘗了酸甜苦辣異常無奈，但她走過冬夏春秋在痛苦中不斷掙扎與反抗。

　　故事依託葉紫的三次失敗婚姻為主線，兼及母親當家下的父親孱弱、妹妹恃寵、哥哥霸蠻、嫂子潑辣的自己娘家寫真，理性揭示和重新評判了中國當代家庭政治體制基本由母權主宰的現實。作者依憑女性的心態對思考著傳統文化與現實倫理的對接和差異，試著去努力維護個人尤其是當代知識女性尊嚴和和權益。池莉所描摹的這個質感的日常生活世界剔透晶瑩，綻露了此類存在的某些真相，借助宏大敘事的形式為一個匱乏的日常消費世界和困窘的日常交往世界，製造了一定的美學效果與現實意義。

　　雖說似乎這一連串的人生遭遇、婚姻變故，發生在某一個女人身上的可能性不大。但，現實生活中的男女婚姻，誰都不是真正的決定者，就算是萬能的上帝、真主佛祖在毫無真愛基礎面前只能做一回無力的傻子。

　　就男女婚姻而言，葉紫需要愛情，無論是讀書年代還是在工作、寫作中，都在生理與心理上夢想一個熱血男兒好好關懷和呵護她，她是勇敢的秀雅女子，也是主動的赤誠性情。

　　為了尋找屬於自己的愛情和快樂，維護自己的尊嚴與自由，她主動抓住和利用機會，哪怕是欺騙管教甚嚴的親生母親，或是背叛有級別但不解風情的未婚夫，而最後選擇離婚的結果又是她沒有預料的。

也許，一個人不論在愛情上如何努力和付出，可他或她在一時間內很難確定自己終身都在婚姻或者情感中，是否可以逃脫不斷遭遇的人性和人情的怪圈。或許，這就是情感的一條潛規則，偶然的帽子早已被無名風雨吹得不見蹤跡。其實，長久幸福的鑰匙只有一把，那就是真誠。

《所以》中的情節與細節可能是虛構而成的，但在我們的生活依稀可以找尋到幾分真實和尷尬。現在不少情感報刊或電視節目，為了提升看點也不斷地花費高價將一些危機和離奇的婚姻生活演繹出來，是曝光道德淪喪者的不負責任，或是呼籲更多人同情弱勢的婚姻邊緣者還是其他⋯⋯池莉借力於葉紫的人生選擇與情感歷程，對當代市場經濟條件下某一畸形生活進行了狠力的衝擊，這種否定來自於歷史、社會、家庭、母權等。

葉紫與母親的衝突近似白熱化，她考上重點學府成為了高材生，從事文學創作擁有了好名聲，但在她母親的眼中和心裏依然是不屑一顧，甚至遠不及對不會讀書、開美容店、弄假房產最後死了的妹妹的疼愛。

葉紫對母親一直是反抗，甚至冒著被人騙著失去處女紅、騙著失去留城機會的危險學會叛逆，哪怕是和父母斷絕關係，然而她依然深深地愛著自己的母親。

池莉寫在《所以》中的母親，無論是葉紫的還是關淳的，甚至包括初為母親的關春，都是家庭的權力擁有者，讓作為父親和丈夫的男人們的仁善心性只能顯現一星點。母親的形象鮮活，已不是慈祥和敬愛的象徵了，而是映照著近幾十年家庭政治基本由母權主宰的中國日常生活。

　　池莉把家庭政治體制方式和一個女子與這種專制的複雜關係，貫穿《所以》的主題思想，希望突破中國計劃經濟轉型期女主內、男主外的觀念，平和地把家庭關係推進一個新的和諧，讓家成為新時代傳統文化和當代道德的最美融和。無論是走在風雨人生路上，還是堅守在工作第一線，也不論春夏秋冬，還是酸甜苦辣，因為有了真情的自然傳遞，心就連接成了拆不散的家，家就默然綻放開不敗的花。

　　小說中的女主人公葉紫不能說是沒有缺點的女子，同樣是一個性情中人，作者沒有把她聖潔化、完美化。為了迴避嚴厲家教的管束，她在成為中文才女的同時放棄了和父母家人的溝通；為了實現幻夢中的愛情，她在瀟灑、富裕的外殼面前，忘了如何辨識人性，也忘了和自己第一次作愛的男人認識還不到一個月；為了進城有一個好環境，她有了拿工作和身體甚至是婚姻做交易的嫌疑，忘了感情不能帶著欺騙，也忘了把自己給了一個男人需要心平氣和；僅僅是因為一次修改劇本成功的喜悅，她幾乎是自願地和剛剛認識的蹩足導演熱情上了床，忘了自己已有了牽掛著自己的未婚夫，也忘了對方早有了老婆甚至還有更多的女人。

　　同樣，作為男主人公，關淳、禹宏寬、華林都是自私的充分表現體。關淳為了爭取分配在城裏，能夠分配到一套房子，在弱女子面前不是騙就是誆，完全一副流氓嘴臉；禹宏寬為了一生的性愛，放下了軍人的尊嚴和品性走起了關係後門，最後砸下一個憎恨背叛的拳頭，結束了一次沒有感情的戀愛，也許又開始了另一段不需戀愛的感情；華林，一個只會糊弄工作、婚姻、愛情和家庭的冒牌導演，心底裏只有自命清高的呆子思想，骨子中缺失男人自強的赤情豪性，到頭來又做了一回工作、婚姻、愛情和家庭的偽君子。這些

所謂社會的優秀分子，在《所以》中不是被批為「苦貨」，就是貌不驚人、矮小粗俗，甚至風流成性、需要被女人養著，甚至遠遠不及司機出身的葉祖輝那般高大威猛、仗義執言。

坦蕩蕩的不一定是君子，窮戚戚的也不一定是小人，人活天地間，靠的是一份膽識與坦然，而非什麼高學歷、好職位或大聲名。

在《所以》這個小說文本裏，池莉一改傳統寫作方式，賦予了括弧新的意義，把一部跨度 40 個春秋的小說，寫出了文字的彈性與積極的節奏感，而避免了過於緩慢和臃腫的大段平鋪直敘的紹介與囉嗦，使得小說簡潔、柔韌而不失節奏緊密。不說池莉的小說創造能力輕鬆穩健，但短句、括弧、緊湊的語言節奏，自述帶著濃厚主觀感情色彩等鮮明特點，巧妙運用了一種剪輯性的敘事，穿插交替的敘述加上動感強烈的語彙，凌厲而溫柔，自然又灑脫，少了幾許凝滯和無趣，多了一分跳躍與靈動，把池莉新小說立意顛覆傳統觀念的思維充分張揚，深層次地展示、思考和詢問個人與社會關係等當下問題。

正是由於緊緊連繫著生活深處的種種因為，《所以》被寫成了一部端然凝視個人生命尊嚴的小說。它融合了當代生活種種時代因素，把中國政治上從「大躍進」、「文化大革命」到改革開放的今天的歷史變遷，將中國社會上實現了計劃經濟向社會主義市場經濟的成功跨越，一一映射在知識女性葉紫追求生命和生存尊嚴的故事當中，豐滿了一個普通市民的現實生活寫照。雖說當代生活中，依然是充滿否定、疑問和矛盾，也充滿錯誤、失敗和沮喪，但一一的一切都需要我們把心平靜下來，努力維護和純化自己的心靈與個性，在親情、愛情甚至友情等錯綜複雜的關係中，不停地尋找自己的存在價值及意義。有時文字中出現了池莉的「活命」理由，近似

無情地解構日常交往中的「愛」的情感世界，在生存、精神、情感和道德等層面消逝了人類理想主義的詩性，然而，又潛在地構成了一個由外界探究轉向內心發現的淒美過程，在痛苦掙扎和輪迴不幸之外，讓我們感知了一份真切經驗和智慧力量，明白著一個善良人性的真愛與自由。

（原載《中國新聞出版報》2007 年 7 月 6 日）

為愛在懸崖邊者敲一記警鐘

　　也許是因為長時間寫作知青題材的緣故，葉辛的長篇小說《上海日記》（上海人民出版社 2007 年 1 月版）還是緊連了西南小農村和上海大都市，只不過這次反映的卻是當代生活。從窮鄉僻壤走出來的年輕人，身上有著山青青與水清清的亮麗和淳樸，但當他們走在燈紅酒綠的繁華邊緣，總會有些或多或少的變化，有自強不息者希望依憑自己的勤勞與智慧開拓出人生樂園，也有苦悶彷徨者一時間沒有找準生存的定位無意中選擇了迷失自己。

　　葉辛筆下的幾個平常生活中的小人物，如全小良、孫世傑等，本是懷著滿胸赤誠走進了大城市，豆蔻年華，但在快節奏的生活面前，似乎忘記了山裏人相信的路在腳下的真理，因為困惑，選擇了畸形的痛苦掙扎，最後徹底地把最為基本的道德底線盡情踐踏，或成為了女友離棄、富婆甩掉的所謂瀟灑者，或身陷於殺害同學、痛恨生存的鐵窗生涯，或者其他……長篇小說《上海日記》的敘說語言滿含純樸，但躍然紙上的不僅僅是帶著血絲的淚。作者滿懷真誠，把不失理性的目光瞄向越來越普遍的新上海人，甚至是新都市人，著力刻畫一個從貴州偏遠地區來上海求學的大學生全小良透過勤奮學習、艱苦奮鬥成為一個新上海人，努力融入上海大都市生活的心路歷程。

　　小說的言語流走生動感人，所洋溢的時代氣息給人的感覺不只是清新，最多的應該是含著淚花的笑意和對另一類型生活的期待。

　　主人公們喜怒哀樂，困惑煩惱，以及短暫的開心和快感，可以說代表了新上海人的生存狀態。他們對新生活的憧憬本來就只有美好和幸福，他們對愛情的嚮往與追求斷然沒有做一回遊戲的邪念。但是，現實都市生活的豪華風景線與背後的殘酷世態，沒有給予他們充分選擇的權利和餘地。

　　就如全小良與三位女性的真情與性愛故事，讓他在選擇與堅持的面前，低下本來有些傲氣和才氣的頭顱。青梅竹馬的美麗戀人苗杉，終因生存的壓力和對愛的失望而嫁給了別人；曾經苦悶時經不住報社同事、湖北籍女大學生蘇悅的「進攻」，本以為兩個同命相憐的人可以攜手在上海共創好日子，沒有想到在被報社解聘的同時，被逢場作戲同居數日的蘇悅無情地拋棄；原以為以自己的年輕帥氣、才華橫溢和忠心耿耿，博得了富姐的歡喜與愛情，從此可以過上奢華如意的生活，成為一個所謂的「上等人」，結果卻遭到富姐無情的報復和拋棄。

　　也許是一切的一一，只能化作無力和無奈的歎息，小說作為一面鏡子映照的是社會轉型時期某一弱勢群體的生活現實，又反映了一些出身貧窮、備嘗苦辣、不知真正自立的年輕人兒無助與蒼涼的心理，在當代城市生活中，的確又存在著較為典型的社會意義和深刻的思想內涵。

　　葉辛作為知青在貴州生活過多年，最後回到了已是不屬於記憶的上海，但，他無法忘卻大山裏艱辛與困苦。然而隨著新時期中國的發展步伐迅猛，大城市在改革開放的春風催動著大道而行，滿懷憂樂情思的作家有了一時無法言狀的開心和喜悅，同時又有了幾分濃濃的惶惑與擔心。

他從城市走進農村，又從農村重新回到城市，無意識間對農村和農村裏的人們產生了不可淡化的情感，他一直關注著與農村有關的人物和事物。

長篇小說《上海日記》借助日記體的形式，以一個來自貴州山鄉的年輕人的口氣，記下他融入大上海都市生活的足跡和感受，結構緊湊，表述流暢，邏輯性強，很有可讀性。

故事以同樣來自農村、全小良的同鄉、一起考進上海某大學的孫世傑突然殺掉覺得「固然討厭、可惡」的上海同學切入主題，並以關注可憐的「可以看得出他不是個精神病人」的兇手為發展氛圍貫穿始終，把全小良與不同文化程度、不同社會背景、不同思想性格的三個女性之間的感情糾葛為線索，高度濃縮了「漂泊一族」初涉上海灘的酸甜苦辣與跌宕起伏，具體展現了外來移民融入都市生活、躋身都市主流階層的迫切與夢想。

葉辛以第一人稱記錄的日記方式，藉著從貴州纏溪山鄉考入上海某大學的高材生全小良的口吻，把他大學畢業後的 2003 年 7 月到 2004 年 4 月短短九個月中，所經歷的迷茫、彷徨、困頓、苦痛，以及短時間的快樂、性愛中的亢奮和孤苦無依的掙扎，一一寫了下來，寫得很有現實的觀感，也帶著幾分淡淡的憂思。就是為了不再回到自己待過、父輩攀過、祖輩爬過的大山，成為自己體面、後代驕傲的上海人，他有過勇者無畏也無所謂的努力：離開學校宿舍，成了漂泊一族，為擁有一席安身之地，他身心疲憊地奔波於數不清的房屋仲介之間，哪怕高昂的租金讓他望而生畏。在報社當實習記者躊躇滿志，寫出了領導滿意、同事羨慕、社會反響強烈的新聞報導，卻因此而被一家房地產公司告上法庭，沒想到最後官司贏了卻被報

社解聘了……生活的艱苦讓他選擇了屢敗屢戰，工作的壓力使他不斷艱難向前，但在愛情面前他幾乎迷失了方向。

因為學歷高低、職業差別、生存狀況等因素，他與青梅竹馬的戀人、鐘點工苗衫若即若離，但當發現苗衫被經濟實力雄厚的包工頭追求時，他卻妒火中燒，到頭來親愛的戀人「這麼快就懷上錢光羽的孩子」。把他推上法庭被告席的佳居實業老總、身價數億元的女強人喬海貝，不僅定了他總經理助理、品質檢驗部主管的頭銜和高薪，還送了他高檔名牌時裝、出入豪華賓館、品嘗山珍海味和從未有過的激烈「愛情」，讓他欣喜若狂以情人、秘書、保鏢的多重身份對喬總俯首帖耳、唯命是從，為保護喬總，他勇鬥歹徒甚至不怕流血拚命，卻在打著如意算盤、想著魅力富姐有了入列上流社會的時候看到了第三個愛情泡沫破滅——喬海貝將他從公司除名，並幸災樂禍地對他說，這一切的一切都是為了報復，為了讓他嘗嘗徹底失敗的滋味——戀人走了，工作沒了，名聲臭了。

小說中的人物性格鮮明栩栩如生；人物命運跌宕起伏引人入勝，不難發現作者在突破知青題材的另類寫作中依然堅守了生活者和觀察家的身份，寫出了活脫脫的現實影像，為新上海人以及大都市新移民作了一次聚焦。

能一次性把都市題材、社會問題、通俗愛情故事寫進長篇小說，《上海日記》是成功的。葉辛不但寫出了農村人進入都市生活需要面對不同壓力和挑戰的現狀；而且寫活了部分國人尤其是當代大學生的局限與劣根，借助於調侃的言語反映的高校學生大白天不顧一切地在教室裏發生性關係、大學生心理弱化不是殺害同學就是選擇自殺等等；同時，還勾勒出了部分年輕學子為了一時私欲和滿足，甘心墮落，不思進取，甚至滋生了精神勝利法，諸如全小良們淪為

了喬海貝式的大款的小白臉、小二奶之類，暫時間地在城市裏站穩腳跟，奢望著最好能與他們結婚分享富有，可以得到艱辛過後的一絲所謂的心靈解脫。

葉辛跳出了以往寫自己同時代的人苦與樂的題材選擇，在《上海日記》著力以下一代融入城市生活的「新上海人」為主要人物，描寫他們的小人物生活，跟隨他們的新時代觀念，抒發他們與自己似乎有了代溝和隔膜的情感，的確是一種新的突破。不能說他寫作的筆觸沒有成人化的痕跡，甚至他還有時摻進了和自己那個同齡年代的思想比照，但他沒有單純地站立於傳統文化與當代道德對接的高度，來觀照一代普普通通的農家子弟融入現代化都市的過程。

隨著經濟生活水準的迅速提高，新增加的城市人，大部分都在生活方式、人生選擇、價值取向上同以前有了根本性的變化。誠如作家所認識的那般模樣，現代繁華中透露出炫目的時尚，燈紅酒綠中搖曳著迷人的色彩，富麗堂皇處顯耀城市的瘋狂。來源於農村的人們，尤其是青年大學生，在城市裏打工、讀書、晃蕩、奮鬥，許多人常常一時間把握不住人生方向。

在上海為了生活四處奔波又四處碰壁的全小良，實際上代表著千萬個進入城市的鄉村青年，其現實意義和社會價值也不應該僅僅影響進城人們，還有那些進入大學讀書或大學畢業的農村學子和城市學子。葉辛以《上海日記》為時代長槍，奮力敲響滿貼民族自強和人性自立標識的青銅大鐘，驚醒和警醒每一名懷著某一熱熱夢想的年輕兒，因為愛在身邊，也在遠方。

（原載《中國圖書商報》2007 年 3 月 6 日）

重解神話需要智勇

　　后羿射日和嫦娥奔月，以及玉兔搗藥、吳剛長年累月砍桂樹的神話，自古傳說至今，在人們的心裏，他們分別是神勇、美麗和辛勤的象徵。一直帶著濃濃的神奇色彩，同時又有淡淡的無法細談的憂傷。老人們愛說，小孩兒喜歡聽，甚至在野史與趣談中都有著生動的幾筆墨蹟。

　　葉兆言在長篇小說《后羿》（重慶出版社 2007 年 1 月版）中，沒有因襲過多的傳奇和傳統的色彩，在重述嫦娥善良、后羿孔武的同時，賦予這個神話全新的現代色彩：嫦娥忍辱負重撫養神的凡間化身——羿，幫助羿完成了從神到人的轉變，進而在羿成為帝王後失寵；羿在瀕臨絕境時意識到只有嫦娥的愛才是他力量的源泉，進而用了一招美麗又無奈的愛情背叛——放逐嫦娥，使其飛天以避開危險——嫦娥飛天了，當了月宮的孤獨天使；后羿毀滅了，成了閻羅的案下厲鬼。

　　在葉兆言令人目眩的精彩重述中，愛是性格轉化的基因。因為真愛，嫦娥的愛使后羿從神成為了人，后羿的愛使嫦娥從人成為了神；由於畸愛，一時性愛讓后羿在既是妻子和弟子，又是仇家的妻子和孩子的人們面前，丟了神的尊嚴與人的性命。

　　陰謀與愛情、奉獻與貪婪、忠誠與背叛、欲望與尊嚴在小說中輪番上演，在為我們展現一個多姿多彩的神話世界、流傳一段可歌

可泣的驚世情緣的同時，默默寫下了無論是神還是人或是身兼神人二性，活在天地間需要不為邪惡左右而泯沒善良的真性情。

小說《后羿》分為射日、奔月上下兩卷。下卷伊始，后羿射掉了原是九隻三腳烏鴉的九個太陽，射殺了諸如猰貐、鑿齒、九嬰、大風和封豨之類的惡禽猛獸……大地可以風調雨順了，人們開始安居樂業了。后羿也進行著周遊女兒國、小人國、白民國、黑齒國、大人國、裸身國等的巡視列國計劃。這時候的后羿，不再是只長身體不長心智的傻瓜了，不再是面對被人閹割全無所謂的呆子了，不再是每夜尿床毫無羞恥觀念的笨蛋了。隨著與西王母夢成性事、和嫦娥徹夜纏綿，他漸漸地開始了權欲的充分發揮，知道了聲色的快感享受，明白著兵入武庫馬放南山的危機。當然，也慢慢體會到了嫦娥待他的情不僅僅是性愛，更多的或許是母愛、對小弟弟的愛，甚至是真正的男女情愛。

而在上卷中，雖題為射日，但作者著力刻劃的還是嫦娥近似悲慘的命運與著意追求的善意。為了自己的生存，她遭受了小刀手吳剛的新生男性家權主義者的踐躪，幾乎忘記了自己是人的尊嚴；為了扶養后羿的成長，她在手工匠造父和神射手布的性愛要脅下，選擇了無力與無奈的掙扎。哪怕是面對丈夫兒子的性騷擾，也只能時刻警惕和巧妙避開。這一切的一一，她作為一任柔弱女子，只能暫時廝守略為寧靜的奴隸地位。

射日、奔月是小說的主體構架，后羿與嫦娥是故事的主要人物。就是在這些因素的支配下，小說有了主題，故事正在發展。雖然最終后羿和嫦娥的結局是一個悲劇，成全了逢蒙與玄妻的一時喧囂與歹毒，但小說的平靜文字中最多的是自然生發。后羿的失敗是必然的，哪怕是沒有逢蒙、玄妻們的背叛，他為了私欲開演著窮兵黷武

的慘劇，追逐女色忘卻了被壓迫和被侮辱者的仇恨。而把所有的孤寂與痛苦，最後一次性地化作一丸升天仙丹，送給了一直深愛著自己也被自己深愛著的嫦娥。

是悔恨和愧疚，還是惶然與無奈，不經意間，真正的愛也許只能做魂靈上的交流了。正是因為嫦娥身上所擁有中華傳統女性的德行和本色，成就了后羿英雄神武的氣概和本色，也由於無意識的仁愛與忍性，助長了后羿成為獨裁者同真男兒的矛盾角逐。

后羿射日和嫦娥奔月的神話，是否有著歷史的影子，還是人們的創造，姑且不作詳探。但，我們都知曉記載在中國古書裏的神話傳說，往往不過幾字或數十言的了了勾畫，然又偏偏給後人不少無限遐思的空間。透視圍繞后羿甚至造父或者其他，嫦娥和末嬉、嫦娥和玄妻三個女人之間的恩怨糾纏葛，葉兆言把女性之間微妙的嫉妒和情感細微刻畫，自然地抓住人性本真，不讓雖在神話故事環境下的小說文字在現實生活中找不到映影。

與此同時，沒有因為后羿天生神性，而忽視他活在熱土地上的人性寫真。作者寫的是成人之間的生活與生存較量，也有著性事的寥寥寫作，但一直沒有效學某些作家的性愛渲染文字。表現的時代已是久遠，近乎原始，但作者仿佛忘記成人化市場部分走俏的心路歷程，借助一個古老神話話題，盡情浸泡著現時代生活的因數，隱約可以感受到幾分童話的顏色。

西方神話和史詩，總是注意對主人公的人性化面孔和思想進行寫實，在拉扯與角力之間踢去所謂神的羽衣與色彩。受著楚圖南譯著的《希臘的神話和傳說》、鄭振鐸編著的《希臘神話和英雄傳說》，以及《一千零一夜》的影響，葉兆言在《后羿》中，也許是重述中國神話，也許是勾勒現實生活，不乏情味和妙趣的故事言語記敘著

千百年前的善惡競技，卻無法掩飾最具魅力的人性自然，哪怕是描寫造父排擠他人的伎倆、奇獸封豨寧死不作玩物的行徑。

（原載《中國教育報》2006 年 2 月 8 日）

正義的堅守與人性的詠歎

　　傾注深情全力地表現現實熱點題材，很多作家熱衷此道，尤其是隨著紀念中國改革開放 30 周年的深入，不同文體的選擇與把握，才情張揚也淋漓盡致地捕捉和烘托主題。水運憲的《喬省長和他的女兒們》（湖南人民出版社 2009 年 3 月版），以主旋律姿態高蹈出場，一邊拍成電視連續劇在多家衛視接連播放，一邊形諸好看耐讀的文本讀物在書市展露情趣，為中國電視小說再次獻上一份堪作範本的長篇大作。

　　對於水運憲這個名字，我們雖不陌生，但，對於他的作品，與改革開放同行的人們自是尤為熟悉。早在上世紀 80 年代，一部《烏龍山剿匪記》，曾讓一個時期的男女老少愛看長談不已。那時的我雖不過十歲，總是跟著父母端坐黑白電視機前看得津津有味，還和夥伴們用紙做成駁殼槍追在屋前樹後。當時沒有體會誰的原著、誰是編劇，倒是至今記得「榜爺」、「鑽山豹」、「東北虎」、「四丫頭」、「獨眼龍」等一串猙獰可恨又可愛有趣的名字。沒有想到是，待我愛翻文藝讀本的時候，不時發現水運憲的名字與文字，長篇小說、中篇小說、影視文學、散文話劇。如此等等，不乏好作品，在全國優秀中篇小說獎名單中，有他名字；在全國優秀劇作獎中，有其作品。他的文字拍製成電視劇，不但摘下了優秀電視金鷹獎的桂冠，還步入全國最佳收視率的行列。

　　近看水運憲的《喬省長和他的女兒們》，先見書名，我想起了改革開放之初蔣子龍的《喬廠長上任記》。同樣姓喬，同樣是為國家、為百姓做事的幹部，喬廠長面對改革伊始中的艱難不斷開拓，而喬省長處於改革開放興盛時期遭遇不少仕途、人情等難題，但是他們一以貫之地堅守正義，沒有選擇退卻，都勇敢地堅持下去，走近了柳暗花明。尤為有趣的是，喬省長四個女兒的貫穿始終，鮮活清晰，也讓三個女人一台戲的俗事，在水運憲的筆下，多了一個女人縱橫連結，起著不打折扣的作用。

　　喬省長喬良原是金頂山煤礦的一名技術員。他有一個知書達理的妻子，有三個性格各異卻又相互關愛的女兒。一次意外礦難過後，被困而獲救的喬良，收養了救出自己而不幸罹難的恩人老礦工剛剛入學的女兒。從此，喬良有了四個女兒。大女兒喬媛，聰明本分，在妹妹面前顯得少年老成，包容大度；二女兒喬焰，不安於現狀，總想出人頭地；三女兒喬蓉，就是老礦工的女兒，體質弱，性格柔順，從不爭勝好強；小女兒喬莉，不知從哪裏繼承了一種獨立意識，喜歡冒險，多有叛逆，一副現代派模樣。

　　80 年代中期，喬良憑藉出色的專業知識和實際工作能力，很自然地走上了礦領導崗位。從此，年富力強的喬良開始仕途與情路上的漫旅，雖未大起大落、大落大起，但有曲折，也有變遷，時而上演豐富多彩，時而遭遇錯綜複雜。從副市長、市長、市委書記、省安監局局長直至副省長，喬良的從政路途還算順利。在他任職市級領導人時，家庭也因他不斷進步而順風順水，百事無憂。沒想到，一座通往礦區但年久失修正欲重建的白馬大橋提前坍塌，喬市委書記主動承擔責任，引咎辭職，家庭因此變故。從財經學院畢業被分配到市委組織部的喬媛，在婚禮上，新郎兼組織部副部長湯中仁不

辭而別，不久送來一紙離婚協議，喬媛也被安排到一個瀕臨破產的施工單位擔任副總。喬焰心理上承受不了現實中的冷暖炎涼，生活態度一落千丈，不久辭職出走，遠赴異地他鄉投入一名原為父親朋友的外籍富商懷抱。喬良的妻子因心血管痼疾在家休養，丈夫和女兒接連不斷地遭受挫折，令她的身體再也無法支撐，在醫院搶救台上猝然去世，幾乎把整個家庭迫近逆境。

面對如此情形，以「市政府巡視員」的身份協助政府工作的喬良克制悲痛，不因身體和精神有點疲憊，也不因下海經過商的中年女子申晴進入視野，一直以堅定的信念影響著女兒們。被「明升暗貶」的喬媛，憑藉從父親身上繼承的堅強意志，奇跡般地救活了破產企業。喬莉留在省城一家證券公司當操盤手，成天在股市搏殺。三女婿于向東，放棄了在市政法委的位置，下海到了省城一家保險公司，喬蓉也跟隨著到了省城。喬良的女兒們在父親遭遇挫折之後，走上了自立自強的道路，儘管各有艱難。

兩年後，喬良峰迴路轉，上級調他到省裏主管安全生產監督管理工作。父親的復出，具有不同叛逆性格的女兒們興奮之餘，又自覺或不自覺地萌發了一些期望及欲望。喬媛把原來的中小企業盤成了頗有規模的大型集團公司，遇上政策性調整，發展舉步維艱，違心地利用父親的關係和影響，做了一些中傷父德的事情。喬焰賭氣一直不與父親聯繫，背井離鄉盡情地追逐物質享受，浮華過後，精神空虛，遭受嚴酷的打擊，但最終白手起家做強一家大公司，並匿名重建父親甚至喬家的滑鐵盧——白馬大橋。喬蓉的生活似乎穩定一些，卻因自己是副省長女兒的身份被丈夫和單位反復利用，良心和精神的痛苦令她備受折磨。喬莉的經歷更加殘酷，險象環生的股市風險，與之不期而遇。

喬良的四個女兒，在水運憲不吝翰墨的筆下，四種性格與追求，四種運命與境況。她們的父親喬良，更是小說精心刻畫頗盡筆力也最為深刻的人物，從一個普通的煤礦技術員到副省長，他的特殊經歷，他的深切教訓，他的痛定思痛，使之在安全生產監督管理的崗位上，尤其在整治煤炭安全生產、揭露官煤勾結的環節中，卓然正直，大義凜然，取得了突出的成績，無意中也得罪了不少以權謀私的地方幹部。作為領導幹部，他敢於擔當責任，不怕降級丟官，更沒患得患失推諉過失，他可以放棄去國家安監部門擔任要職的邀請，可以不懼得罪人而在人代會上喪失選票，真正履行了一個共產黨員幹部的操守與崇高。作為父親，喬良事業上的諸多不順，女兒們的種種遭遇，讓其意識到了自己的責任和不可能彌補的欠缺。小說沒有迴避硬漢喬省長人性與人情上的溫柔堅忍，因為他不是不食人間煙火的聖人神仙，他本身就是有血肉、有思想、有情感的凡間男子。只不過在當好官、作嚴父的過程中，喬良不時遭遇人性與道德、人情與法理的衝突及融合，但在正義和真理面前，他是一個堅定的捍衛者。他對親人的失誤絕不姑息，對自己的過失從不掩飾，使命感和非凡毅力，使得他贏得了大多數人的理解和支持。在中國經濟建設和民主進程中，我們的人權是平等的，人性是自由的，人情是張揚的，為個人權利、個體自由、社會進步提供保障而付出的代價，就是需要更多的喬良擔當歷史條件下的責任。他的道德與法理，不僅僅是在為個人、女兒與家庭贏取自由的權利，更多的是在為最廣大、最真誠的民眾服好務。

水運憲雖是一個以文字為生的專業作家，但在改革開放的浪濤中，有心地把 30 年來形形色色的社會矛盾與人性衝突，理性把握了然於胸，形諸文字騰挪有致。《喬省長和他的女兒們》主要圍繞一

個高幹家庭「父親」與「女兒」的親情糾葛、成長變遷與人性變化，展開描形繪神的深層次表現，既著力塑造了喬良這一黨的高級幹部的正直形象，也細緻描寫了喬家四女兒的人性變化，更是不動聲色地針砭了幹部湯中仁、市民曾志民、小蜜安純及商人譚久年、于向東等投機分子的卑微嘴臉、醜惡行徑，不諂媚之也不妖魔化，讓他們真實人性得以自然發展。雖然置之於改革開放這一大歷史背景下敘事，作者沒有高喊權力話語，讓人物、人性、人情去客觀說話，巧妙而潛在地反映重大思想主題。貌似寫一個雖非同一般的家庭落起沉浮，寫其中正邪善惡的角力，寫其中苦辣酸甜的嬗變，作者所花費的才力、心力與眼力，獨具特色，他知道什麼是真實的生活，哪些屬於天然的人性。

記得周克芹在長篇小說《許茂和他的女兒們》中，把老農許茂和他的女兒們的生活故事，放置於 1979 年冬天四川一個偏僻農村的社會生活背景中，真實地揭露了「文革」給農業生產帶來的災難性破壞，以及在農民精神上造成的嚴重創傷，並預示了動亂過後必將出現的光明、美好的前景——今天的改革開放也正慢慢地使這些成為現實。原以為類似周氏茅盾文學獎獲獎作品取名的《喬省長和他的女兒們》，不過是將副省長喬良和他的女兒們的生活變遷，借助 1980 年代以來改革開放大背景下城市生活的情勢，在反映新時期風雲變幻的社會面貌的同時，簡單地為改革開放歌功頌德，但水運憲更多地考慮到了如何表現新時代中的人性發展，通過作為社會人的喬良成長經歷和心靈完善歷程，來展開對親情和生命價值的再思考，也讓讀者看到了他所代表的那一代人的生命軌跡與人生追求。水氏洞察人性的視閾有自己的特色，他表現的不同社會角色，在改革開放的第一個 30 年中是真實鮮活的，在改革開

放的第二個 30 年甚至更長時間內也會清晰存在,但不論過了多長時間,社會中的正義、本真的人,都不會縮減退縮,因為他發現也期待「喬良」是真實的。喬良者,橋樑也,喬良因橋樑的坍塌而命途發生轉變,但無論何時、何崗位,喬良都是家庭、民眾、社會以及官場的橋樑。

水運憲身處物質生活加速變化的現實環境,讓自己的創作與觀念,時刻緊跟時代腳步,但,現代欲望的愈演愈烈,倫理道德的趨向變質,使他沒有標新立異地徹底地捐棄歷史傳統。他在打開窗戶的天地中,在尋找驅除蚊子蒼蠅的良方,社會發展了,一切的人情與人性都需要環境的淨化。作為一種想像和虛構的文體形式,《喬省長和他的女兒們》對人的生活選擇、情感要求、思想矛盾等與人性相關的問題,都有著入木三分、發人深省也耐人玩味的思考與探討,雖同樣屬於主旋律題材表現,然,剝離了單純的政治目標,也無多少強調的教化功能。小說採用「家庭紀事」方式切入,連接不能斷裂的周邊環境,以矛盾糾葛和人物性格的變化,反映整個社會的發展變遷和時代足跡,達到了以小觀大、以微見著的藝術效果。

當然,不能說這部小說沒有瑕疵,它的行文偏重於劇本形式,似乎弱化了小說的藝術價值,在一定程度上影響了小說含蓄、蘊藉之美。但,也正是這樣一部 45 萬多字的長篇倫理小說,水運憲把一個父親的心靈史、四個女兒的成長史、一個社會的變遷史,寫得現實清新,不乏感染力與震撼力。不論是從長篇小說的角度,還是從電視劇本的表現來談,不難發現水運憲與《喬省長和他的女兒們》,在表現主題、駕馭文字、傳遞真誠、捍衛正義、回歸人性以及捍衛人間正道、鞭撻道德缺失、期待社會良知方面,有一種深沉而厚

重的基調不斷地出新突破，於社會道德近乎淺薄日益淪喪的時代，
無論是對今天的讀者，還是對明天的人們，都不失警醒意義和普世
價值。

（原載《中國圖書商報》2009 年 8 月 4 日）

在神秘與莫測中發掘美

老天是否有眼，不好說。如有，偉人曾寫詩「天若有情天亦老」予以反批；倘無，人們常喊「蒼天在上，厚土為證」。如此命題，相信也好，不信也罷，有多少道理，都不過是見仁見智的言說和遊戲而已。

曾有人以「天眼」為題，寫過文字著作，但沒有走俏市場。知名作家彭見明，久受山水之間草根情懷、巫道文化薰染，也寫出了一本《天眼》（湖南文藝出版社 2009 年 1 月版），寫得伏筆千里，玄機百出，倒有幾分清新與神秘，同時亦把平凡人物的瑣碎和卑微，勾畫了了，自然得體。彭見明習慣也擅長寫鄉土生活中的小人物，寫活了他們的悲歡憂樂，寫實了普通人性的矛盾衝突，現在寫起《天眼》來，也是寫得好看、耐讀。巧妙的是，他這次既寫了算命先生的所謂神機妙算，也寫了官場人家的別有機心。

近來，中國圖書市場上，不時掀起描寫東方神秘主義文化的熱浪，從創下兩億票房的《木乃伊 3》到暢銷書《鬼吹燈》、《藏地密碼》系列，從墓制風水寫到香格里拉的藏傳佛教文化，無一不透著神秘、瑰奇、驚險與厚重。而像彭見明這樣，把現代民生、官場結合傳統文化來寫的，倒是不多。正是如此，中國國內用小說文本的形式，從民俗相術巫文化切入今日官場和世俗生活，《天眼》就走在了最前面。

　　史傳伏羲演八卦、文王推易理，至今已過 3000 年，最初的巫祝，只是為君王報告民情、舉行儀式的官員而已。不知從什麼時候開始，八卦圖、陰陽魚，打坐、卜卦、看風水，成了世人出行、婚嫁、病痛、生死乃至求學、謀職的指南針，就連智多星諸葛亮、劉伯溫之輩，也常常扮演如此風采。民間信奉此道，獵獵風行，長興不衰。即便是到了科教昌明的 21 世紀，依然有不少人熱衷於此，走過大街小巷，總能看到不少算命先生的行蹤，不少所謂和尚、尼姑也忙碌其中，甚至有些身為履行馬克思主義的官員，家裏也供奉了眼中和心中的菩薩神仙。

　　看相算命是否真能靈驗，供神拜佛是否出入平安，難說也不好說。姑且不論其中有多少科學性的成分，也的確給了虔誠者一些短暫的平靜。不然的話，我們就看不到彭見明寫在《天眼》中的精彩了。一次大雪的機緣，何了凡救下了一位相術高人，學得了看相秘術，能夠通過人的面貌、氣色、聲音、步態判知貴賤禍福，從此，平頭百姓何先生，開始了他了不得、不平凡的星相師人生。小說主要記敘時間自 20 世紀 80 年代初伊始，從一次神奇的測字預言術開始，倒敘展開，跌宕起伏，騰挪有致，自然發展。隨著何氏的聲名鵲起，上門求拜者絡繹不絕，生意人老洪渴望賺到人生第一桶金，官員劉鐵對明爭暗鬥的位置躍躍欲試，縣長夫人也希望為兒子看出一段姻緣……

　　人心欲望是神秘莫測、複雜多變的，但不少人似乎相信冥冥中真有命運的主宰，誠惶誠恐，患得患失。以何了凡為中心，一場說不上驚心動魄但也燦爛詭譎的圖景，悄然生發，默然展開。何大師不停地、不倦地指點大眾的人生迷津，不斷地得到三毛三、三塊三毛三直到三十三塊三、三百三十三的封賞。人們深信不疑，樂解其

道，粗通其趣，不少人能演繹中國版的夢的解析，何半音說夢掛蚊帳、鋪被子當是有客遠來；絲姐稱夢蛇纏身是主有男女私情，她媽她奶奶也知道。不經意之間，說不盡的巫道、江湖、佛緣、俠義、柔情，道不清的官場、商場、情場、黑道，讓你在目不暇接中感受從古至今、幻化莫測、有趣有味。大千世界，離不開凡人的善惡智愚，也離不開人性的蛛絲馬跡。何了凡看清人心的蛛絲馬跡，成就了「周公解夢」的星相生涯。彭見明洞察人性的蛛絲馬跡，寫出情趣盎然的《天眼》文字。

為人看面相、算命緣、指前程的人，往往意想不到自己的運命，也被算進了可憐的境地。他似乎可以呼風喚雨、指引航程，然而給自己的安排，只能是一張招搖的幌子、一方斑駁的羅盤。何了凡能掐會算，有後台的劉鐵也曾陰差陽錯地受益良多，但還是栽了——劉鐵費盡心機為老闆謀求陽山寺除夕頭炷香，沒想到老闆被紀委安排住進了療養院，劉鐵一下子從省官貶為縣官——大大的「功勞」竟成了大大的「罪證」。所幸的是，劉鐵經歷過仕途挫折，漸漸悟出命運的真諦。而上通天文、下知地理的何了凡——了不得、不平凡的何大師，卻不解自身命運的玄機，不知殺身之禍正在逼近——不止一次算到自己能活 85 年，卻還是沒有闖過 65 歲這一關。

相是看出來的嗎？命是看出來的嗎？湖南花鼓戲有一曲《狀元與乞丐》，也是因為看相算命，結果怎知有乞丐命的高中狀元，為狀元相的淪為偷竊星相老爺錢財的乞丐。多少年來，確確實實有不少國人，本來可以勤儉得以小康殷實，可是不時奢望不事勞作而得享受。也正是因為人們有此心態，算命先生們才戴上大師的帽子。就連《天眼》中佛學院高材生出身的本寂和尚，學會了看相，也幹起了看風水的行當。此處是否為作者的有意諷喻，還是一時疏忽。

　　筆者曾與一得道高僧清心詳談，知曉中國大陸主要弘揚大乘佛法，明文嚴禁弟子打卦占卜；也曾見一古寺前有算命者，屢被寺人驅逐出方圓之外。得此指點，對路邊熱情的神算僧尼，一付笑對之，其實都是紅塵中人，何必剪去俗緣不了的幾寸青絲。

　　古人知道「相由心生，相逐心變」，慢慢地滿足了渴望滿足的人，也助長了喜歡閒談的神乎其神。運命相術，變化莫測，一時很難看得清清楚楚、明明白白、真真切切。千百年來，民間百姓受了政治、經濟、文化方面的擠壓和鄙薄，總想借得一時半刻的安慰與平靜，久而久之成了一種信仰，傳承下來。諸如生病了明知只有尋醫問藥方能解脫疾苦，但迄今仍有不少患者奢望暢飲原是香灰水的神水，似乎飲之，頓時疼痛減輕、豁然開朗。真有此等療效？醫理不解，我輩懵然。算命是否真能道中大理？所據大多係《易經》的隻言片語。易理真有如此靈通？不少人文、社會科學研究者卻發現了不少是自然科學的思想，倒是把「物極必反」講說得較為清晰。心生眾相，心相眾生，人心如海，心性萬化，小說《天眼》生動地展示了算命這一古老東方法術的神奇巧合，也把民間百姓對待心理、社會生活一角鮮活地寫實了。不願通過誠實勞動來改變命運，而寄希望於命和神明保佑升官發財，歷來不乏人眾，並樂此不疲，中國有之，西方亦有之，作者借此批判了人性中的劣根，用心良苦。

　　何了凡，一個普通人，一個機緣，結識了後來的政委、縣長于長松，學會了寅齋公的星相術，故事因此發展，使作者筆下的情節，給了讀者心怡神爽的模樣。何大師擅長算命看相，其子何半音深諳周公解夢，卻都沒有揆察到自己的性情生活，隱約帶有前後映襯的影子——何了凡半強姦了已婚師妹而生一子，何半音半誘姦了寡婦保姆而摯愛一生；獨腿英雄于長松癡愛美女妻子郭如玉，才子官員

劉鐵喜歡看不透的女人心宜……這些人，這些事，都沒有離開星相術的維繫。在《天眼》中，彭見明寫出了一個神異世界，也寫活了一個現實世界。相命一術究竟有多少神秘，似有俗世的價值標準，亦有周易的超然哲理，這些都在作者的智慧表現之中。

「術數相將，則若有天文、地理、星曆、占卜其人焉。」明代思想家李贄篤信此道。在中國傳統文化中，千年不敗的星相，可以視為一種文化分支，在無神論者求疵揭短的衝擊下，還能生存下來，而且有根深蒂固的影響，定然一部分言之成理、持之有故。不然，作者寫作成長篇小說，僅僅是歇斯底里地指摘，意義就不大了。稍有遺憾的是，《天眼》明明是一部小說，作者行文中，過於借助劇本的形式，在細節上，使用冒號、不用引號標示人物言語的話，但時而標「說」、「問」、「道」時而沒有，不為謹嚴。

單就結構情節、表現人物、烘托主題而言，作者是老練、成功的。何謂善惡，何為命運，人心的力量是不可估量的，一一為小說寫得入木三分。可能在周易和禪學中，彭見明真的發現了自己的相學根據，他刻畫的人物性格稜角分明，其間的預言、思想、經驗乃至心智，如同他流走自然的語言般清新灑脫，還有給人靜心、安寧的澄明與超越。認識一種古老且至今仍在傳播的文化，我們不能怯於當前的嚴酷競爭、權威評判，需要懷有一顆勇敢的心，樂於從昔日的輝煌中尋找心理平衡和編織未來的幻夢，徹底捐棄一種弱者的自我保護的麻醉心態。

文化的發展，需要在現代學術研究的視閾，展開自由討論、反復論證，使其合理的內容科學的、健康的發展。只要這樣，帶有區域特色的傳統文化，方能改革舊機制、推進現代化。寫星相學下的世態生存，並不專行權力話語，彭見明具備有歷史責任的知識分子

的勇氣和膽力，《天眼》的文字中也找不到阿 Q 主義和某些原教旨主義，作者的「天眼」中，映藏了世人在神機妙算下的可怕索求，嚴肅剖析了人性弱點與文化封閉心態。在全球化的今天閱讀《天眼》，我們要的不是星相的詭秘，也不是片刻的寧靜，更多的是在歷史發展全域中觀察脆弱人性的命運，而不以中國人文化心理結構世界主義文化過程，彭見明用「天眼」在神秘與莫測中提煉美，事實上是在謀略一種慮深識遠的卓見和非常適時的警世木鐸。

（原載《航空畫報》2009 年 1 月 27 日）

愛得深沉的幸福歌唱

讀遲子建的小說，常常會被其中源源流淌的情思所感染，溫情脈脈，細緻和暖，潛流暗湧，鮮明的氣息，幾乎讓人很難找到冰天雪地中的嚴寒和粗糙。她雖長期偏居東北一隅，但在當下的小說創作中，她可以說是一個知性的精靈，不時張揚出亮麗而剔透的光彩。

新近兩年，遲子建接連在《收穫》、《當代》、《人民文學》等刊物上，推出《福翩翩》、《花牤子的春天》、《起舞》、《野炊圖》、《第三地晚餐》、《百雀林》、《西街魂兒》七個中短篇小說，且紛紛為《小說月報》、《作品與爭鳴》之類雜誌轉載或連載，並一次性地結為《福翩翩：遲子建最新小說集》（湖南文藝出版社 2008 年 1 月版）出版，為廣大讀者系統感受女作家對現實生活的強烈關注和厚重文風，提供了一個鮮見的範本。

遲子建的小說文字，沒有賣弄噱頭的形式，也找不到露骨的性描寫，總能像平常過日子那般沉潛安詳、波瀾不驚。即使是關注日子的鋒利和高潮，亦是如斯，就連涉及作愛的描寫，都被她寫得很美麗和淳樸。筆力纖細，立場溫婉，她靜靜地寫著小人物的苦痛與快樂，寫出的卑微粗鄙形象，都帶有並不卑微粗鄙的內心和情感，好好地生活著。在作者看來，生活在底層的人物內心，最多的是溫柔、守候和善意，使得我們真切感受到了最現實的民眾生存，包括他們日子的表情和生活的邏輯。

　　遲子建的觀察異常透徹，表現的認識和理解，更是一種獨立自然的清醒，還有一分清新溫暖的氣息。同時，我們也看到了當代文學創作中，有些另類但真正正常的思路和魅力。開篇作品《福翩翩》，講述了烏吉河畔兩對夫妻的瑣碎生活，他們努力地愛與被愛，懷揣著渴盼慢慢美好的希望，苦心經營曾經遭遇不幸的家庭，平淡也平實，平凡也平靜，有著矛盾，也有著歡樂，時而釋放人性的真誠與率直，其中充滿了愛和溫暖。短篇小說《花牤子的春天》裏的男女老少，在苦難與希望不斷交錯中痛苦掙扎，深層次地探討了中國式「活著」的意義，把余華式「活著」推向了一個新的高度。《野炊圖》同樣聚焦社會底層民眾的生活，一把辛酸淚，三個人講述，也在迫不及待的敘說中宣洩著自慰與無奈，深度觸摸了中國社會的軟脅。在中篇小說《第三地晚餐》裏，作者集中筆墨描寫了現代都市情感生活，平靜的語言，平淡的情節，近似冷酷地寫實了她很少涉獵的場景，尤其是「第三地」的名字選擇，讓人發現了現實中某些溫情的脆弱和虛假。短篇小說《起舞》以上世紀 50 年代的哈爾濱為大背景，從愛跳舞的蘇聯專家與工廠女孩跳舞時燈出現的故障寫起，在舞會燈光的忽暗忽明之間，鋪陳了一段厚重的、特殊的中國歷史。短篇小說《百雀林》直面殘缺的生活，《西街魂兒》詰問與捍衛個體生命的尊嚴，都是遲子建筆下底層人物命運糾葛中酸楚而又溫情的表述。

　　從遲子建這兩年的創作來看，她寫得很精練，也很精緻，詩般的韻味，散文式的述說，使人感到不是在看一篇篇虛構的小說，而像是在讀一個個真實的特寫。這些故事雖然憂傷、不幸，甚至悲慘與不堪，但洋溢著的是人物之間的樸素和愛意，遮蔽了生活本相中的庸冗和寒磣。七個獨立的故事，都是社會的真實映射，粗礫外表

下柔軟敏感的內心，絲毫掩抑不住人性的真誠和仁善。中篇小說《福翩翩》中，柴、劉兩家雖然生活清貧艱難，但是他們每一個人的內心善良誠實，對親人對生活都充滿了熱愛。無論是柴旺靠踏三輪車維持一家生計，還是劉家穩與之合夥寫春聯想賣個好價錢；或者是劉英拿出一百元錢要柴旺在春聯賣得不好時從中取出十塊八塊補給老公，還是柴旺家的女人因為搬一塊石頭而情定一生無怨無悔，純樸的愛情不失美麗。在《花牤子的春天》裏，花牤子從一個花癡變成女人的看護者，極富喜劇性與諷刺意義，但當他成了「廢人」失去了「性」的能力時，他又不遺餘力地釋放著和「善」和「愛」的能力，遺憾的是，沿襲千百年的道德倫理，在外部世界的衝擊下逐漸崩潰了，外出的男人在外面染上了性病還理直氣壯，村裏的女人耐不住誘惑陷入了不再忠貞的沉淪，而在鄉村倫理崩潰的過程中，只有花牤子一個人承受著走不到春天的壓力……作者跳出了「個人經驗式」寫作，密切關注大眾情感和溫婉人性，讓物質生活貧乏困窘的人們，帶著篤定韌性的愛，沉浸在豐盈的精神收穫之中。這並非是麻醉，而是讓平常百姓平凡的日子，閃放出使人溫馨的光亮。

　　作者在揭示小人物赤誠良善的同時，沒有放棄針砭現實醜惡的權利，她要讓已在愚弄社會的虛假，真實地裸露在人們眼前，而不因為小人物的生活艱難而有所顧忌和保留。柴旺在煙草公司的家屬區燒鍋爐，原不敢像同伴黑頭那樣趁黑往家裏偷煤，遭到黑頭的指責後，也開始三天兩頭地趁黑往家裏偷上一袋煤。花牤子年輕時曾把一個女孩「摁在草地上，幹了那事」，又把一個上墳的小寡婦拖進廢窯「給遭踐了」，還跟豆腐房風流的陳六嫂做了那事，活脫脫一個流氓加強姦犯。《第三地晚餐》中的黨報新聞部資深記者張靈，換車快，房子換得越來越大，四十出頭的女人換起男友玩起性愛遊

戲，如同業務一般精明敏捷，還不時向同事好友宣揚畸形的愛戀理論。短篇小說《野炊圖》中，衛生狀況很爛，只是到了領導來的日子方容光煥發，原來不過是想得到扶持款項；群眾生活很苦，退休的老模範醫藥費得不到保障，只能在病痛中等死；老百姓的黃花閨女被好色的領導「破瓜」，悲憤自絕，母親上告無門。《西街魂兒》中，因湊不齊三張郵票，無法救烈士後代寶墩因爆炸而丟的魂兒，使女主人公在世俗的迷信中，走向了悲劇的結局。凡此種種，不能不說是溫暖過後的酸楚，即使是蒙昧也好，無知也罷，隱藏的假醜惡，在現實生活中依然是鮮活實在的。所幸的是，人們內心存在的善性種子，一直保持著萌芽狀態，沒有枯萎，也沒有生機勃發，讓人在冰冷中感受了幾絲人性的溫熱。

遲子建的小說，沒有單純的風情獵奇，也沒有過多借助性愛的情節施展張力，只是在獨特的言語中不時跳躍唯美的影子，給了讀者清新的感覺，絕非描寫取巧、人云我云的生活小說，相反是以關注民生喜怒哀樂的生存讀本。她沒有賣弄淺薄平庸的現代生存，而是承載著責任和使命，張開冷靜認真的視閾，觀照真實的社會生存和生活，具有了相當的思想維度和行為深度，為我們認識自己身邊的人和事，不乏現時代的價值與意義。《福翩翩：遲子建最新小說集》，七篇小說，獨立存在，各自有著反映的側重點，仔細體會，不難發現，所映照的主題是一致的，這就是太陽底下的民眾生活圖景——為了走出當前的困境，過上幸福輕鬆的日子，他們無時無刻不是在奮鬥著。一一的一切，都被作者以藝術化的方式呈現出來，遲子建對人物與故事的把握，準確借助嫻熟輕健的語言細膩勾勒了出來，使我們在深思的同時得以美的享受。書封裝幀特有韻致，前頁兩扇半開的雕花木門中間，正懸著一個「福」字，底頁為傳統窗

格上倒掛一個「福」字，在暖色調中相映成趣，正好與遲子建堅守人間正道、歌唱憂樂曲調的文學主張，相得益彰，分外清神。當代中國，正在改革大道上昂揚前行，不免也有不少人缺少了對抗風雨侵襲的免疫力，而遲子建的文字表現，卻正好可以修復部分欠缺，為正常人性與人情發出了又一聲真善美的吶喊。

（原載《航空畫報》2008 年 4 月 22 日）

梁曉聲式愛情的現在進行式

　　2002 年的第一場雪，在刀郎不乏蒼勁與情趣的聲音中，穿透了九萬里貼滿中華標識的厚厚氣體。2004 年的第一場雪，飄盈在梁曉聲模式的愛情文字中，讓一個富有音樂才華的男人與三個不同年齡段的女子發生了或追憶或直面或困惑或苦惱的情感對話。也就是在現代城市的一處有名的伊人酒吧的現實背景下，男主人公喬祺的苦痛神經在雪水的浸泡下，理性過，也感性過，終於在不惑的年齡得到了一絲情的清醒和一縷愛的清新。

　　沉寂了多年，梁曉聲的心情也平靜了許多，改變了一向以頌揚理想主義和英雄主義的嚴肅文學創造方式，在他的筆下，人物間的愛也總是伴隨著各種苦難的磨礪與考驗。作為梁曉聲第一部探究和叩問中國人男女關係的長篇小說，《伊人，伊人》（湖南文藝出版社 2006 年 1 月版）的文字流走的，不僅僅是單純的情愛，而是擁有了虔誠知道了善美默守著人間多姿多彩的愛。活著，人需要平靜，也需要一懷激情和無法抑制的真愛，哪怕只是一瞬間。

　　小說以坐擁本市最具西方風格和情調以及正宗西餐做法的伊人酒吧為開場環境和生發空間，講述了一個從 20 世紀 50 年代至今三代人的情愛故事。在伊人酒吧，在喬祺的眼裏和心裏，風姿綽約的酒吧「老闆娘」秦岑是美的。喬祺和秦岑曾經靜靜地相愛，靜靜地經營著三家連鎖酒吧，也靜靜地分享生意一度紅火、生活滿是滋味的快樂。然，在愛情與婚姻的雙重思考中，他們遊移不定。

這一一的一切，並不是因為秦岑是一個離過婚的女人，也不是因為熟知音樂廝守低調的兩人情意不合。已是 40 多歲的喬祺，在 15 歲的那年，收養了恩師未滿周歲的私生女喬喬，自此與自己相依為命的父親歷經艱難與辛酸，終於用一腔親情般的愛溫暖大了一個 18 年後出落美麗張揚聰明的清純少女。後來，喬喬被富孀姨媽接去了美國，喬祺也曾幾次走近本可以屬於自己的美利堅土地上的「一輩子無憂無慮」的生活，然漸解男女情趣和性事的他最終選擇了離開，回到了可以開一個酒吧傾心演繹大提琴、薩克斯、簫、手風琴和口琴的故土中國。

在美國的日子裏，喬祺和喬喬重溫了「孫悟空」與「小妖精」的開心時光，又困擾於內心深處逐漸覺醒的對於喬喬的愛戀，也惶恐於靈魂高處日益反感的源自喬喬姨媽的糾纏。他的別離，更添了自己對喬喬的思戀，倍增了喬喬對自己的念想。

梁曉聲工於從嚴峻角度、宏大事件與凝重主題中切入，以獨特的梁氏唯美方式記述純真的愛情。寫貫了散文，梁曉聲的小說文字是溫情的，近似宛約憂鬱，哪怕是行走在長篇小說的標點符號之間。作者善於營造故事發生的環境，不論是門對 C 大學、鄰接省作家協會省歌舞團省博物館省圖書館省話劇團省京劇團、遠望省紀檢委省檢察院省法院市法院市公安局市安全局以及省警備司令部的伊人酒吧，還是留在喬祺不能忘卻的記憶裏那個叫坡底村的北方農村和坐在機艙裏繫上安全帶飛近的新大陸別墅。無論是清貧還是富麗，無論是喧鬧還是靜寂，作者借力於喬祺的視角——辨識與感知，在喬祺目不轉睛的端祥和欣賞中，喬喬是善美的化身，「那麼秀麗，那麼陽光，那麼清純無邪又那麼楚楚動人」。

梁曉聲是一個性情中人，也欣然在喬祺和秦岑、喬喬以及喬喬姨媽的言語與行為甚至心理上發掘小人物的性格和情感。生活永遠是美好的，即使有過暫時間的痛苦，還是有著現時代的快感，每一個平常男女自是一副善解風情的模樣。

　　喬祺是一個勇者，也是一個才子，未及弱冠卻開始了以稚嫩的胸懷為一個女嬰遮風避雨，長大了不流連美式溫馨富裕生活而拓開自己的精神樂土，立業後不奢作現代喜愛相互謔稱或尊稱的「老總」之類殊榮而甘為自己酒吧中的樂手，他「會連續演奏一個多小時，一個多小時內，至少變換一次樂器，有時，幾種樂器輪番變換一遍。而這又往往是他來之前就決定了的」。他的骨子裏也有著一些所謂藝術人的清高與傲氣，演奏時「只要他起身一站，那就意味著演出到此結束」，無論是新客舊識不守「規矩」的請求再演奏一曲，還是自己從目光裏流露著對大家的懇求無比尊重又有幾分感激的時候，他依然也斷然地堅持「下次」兩字回答的語氣。

　　酒吧老闆娘秦岑，「容貌好、身材好、氣質好，極善應酬，接人接物，熱情周到」，能夠「像她雇的那些做侍者的農家小妹一樣，親自端來送去，梨窩殘現，嫣笑盈盈，殷勤地招待老客和新客」。也就是這一位唱過美聲歌曲做過省歌舞團副團長的已 36 歲的離婚女子的癡情與熱情，使得「伊人」酒吧更富有女人味兒吸引著有著文化的人，如大學教授、社會名流、政治明星，甚至是每月只有五六百元基本工資的小市民。其中男性離婚的不少，女性未婚的也不少，他們在伊人酒吧圍著、聽著喬祺的琴聲與秦岑的歌聲，淺嚐慢飲有情調地談說人生與愛情，卻一時間沒有圍成和聽得喬祺及秦岑的圓滿愛情。

在喬祺與秦岑正要談婚論嫁的那個除夕雪夜，讓喬祺內心深處靈魂高處無法割捨的喬喬出現在伊人酒吧。

已是二十多歲妙齡女郎的喬喬，「大衣內穿的是一件高領的黑色毛衣，比大衣更加緊身的那一種，顯得兩乳高聳，格外性感」，「像外國電影中女郎撲在她們的情人身上」一般，雙臂圍攬住喬祺的脖子，「兩條腿像鐵環一樣，盤在他的腰際」……

秦岑痛苦著出走了，後來又維持了一段三個月的短暫婚姻。喬祺無奈地帶著「快讀完博士」又身患在美國診治為絕症、來日不多的喬喬回到了農村老家，用最大限度無比摯誠的情愛與性愛溫暖著喬喬，使她滿懷幸福和開心地度過了人生的最後時光。

梁曉聲勾勒人物形象的筆尖是纖細的，刻畫的純美愛情潛在地衝動激越，讓一個現在進行式故事和情愛觀帶著不能忘記的追憶和無法稀釋的遐思，為現時代傳統文化與當代道德的有效對接作了一次深層次的倫理思考。真正的愛，不論是源於親情、友情還是出自肌膚之親的愛情，都閃爍著晶瑩的淚光。

故事的結束，是在一年後的 2005 年春節。窗外依然是一個飄著雪花的夜晚，喬祺與秦岑在曾經失火過後的伊人酒吧相遇。眼前一片黑色廢墟，腦中滿是彩色尋思，喬喬死了，喬喬姨媽走了，秦岑離婚了，喬祺回來了，三個女人和一個男人或柔情或矯情或赤情的故事是否還能存有一絲半縷的延續，作者留給了讀者和雪夜中的四行淡淡足跡。

在每一個性情男女的思維和思想中，能夠分享情愛與性愛的每一份痛感與快感，就是完善人生的兩大極致，並視為生活甚至生命中永遠追求的一種福分。梁曉聲在長篇小說《伊人，伊人》中熔鑄獨具個性的平實語言、刻畫人物的異特方式和情節細節的精妙運

用，成就了自己全然一新的創作，也為當前文壇與出版界崛起一串全然一新的文字。洋溢其外飽含其中的情感，哪怕是性事表現，沒有半點偽飾與張揚，把性和愛寫得赤誠與純真，最多的是為性與情的自然交流和天然衍化進行理性觀照下的有效把握，而沒有隻言片語的權力話語的肆意聲張及歇斯底里的宣洩。

文字的都市化與現實感很切近現代生活，酒吧是一個曖昧的地方、秘密是每一個人的第二性、健康的性愛化作一種信念營養著受到癌魔侵害的軀體得以暫時間滋撫，以及令大學教授苦惱的是「選修他的『公共關係學』的學子們，不論男生還是女生，學的心情都挺迫切，皆善於記，也善於背，而且善於考。但都是不善於說……甚至答非所問，出言荒唐」，等等，為當今時代一些不乏文化意義和社會意義的事實作了一次非感性詮釋與注腳。

正是因為現代生活、現代愛情與傳統文化、當代道理以及社會輿論之間剪不斷、理還亂的複雜關係，使得長篇小說、影視作品等文學載體像一方魔鏡，反映著我們的生活，甚至是曾經存在過現在延續著的所有人的生活。梁曉聲對當代中國男女的生活關係與生存關係深刻洞察，以一懷平常人的方式與心態整合當代都市人甚至是文化人於經濟關係和性關係之外的心理安撫與行為哲學，為恢復人的性情本真、倫理回歸與自主意識提出了極具想像力與穿透力的社會問題。從人性歸位與情愛思考方面的意義上來看待這部長篇小說，其影響與價值勢必填補前些年月時人對中國式離婚與中國式婚姻以外的某一空白。

遺憾的是小說的第三章寫故事轉捩點是「西元 2004 年 1 月 21 日，也就是『三十兒』的那一天」，而同章後文又提及「2004 年除夕的晚上」、「也就是 2004 年『三十兒』這一個特殊日子的晚上」，

前文也說「在即將結束的 2003 年的每一個日子的晚上」；小說梗概更是說明故事最為現實的發展期為「2004 年除夕的雪夜」至「2005 年的春節」，讓人有些費解，本是傳統文化熏染深厚的梁曉聲似乎疏忽了中國傳統紀年（古曆、陰曆）與世界現行紀年（西曆或陰曆）並非一致的區別。

在《伊人，伊人》中，有愛的表達，有情的表示，也有性的表現。作者沒有效顰當下部分作品赤裸裸的描寫，而用顯然傾向於唯美的表現手法。他對性事的男人和女人的意識是如此純美，男女間飽滿的性愛都是情濃時分的自然行為，人物間往往用直白的心理語言宣洩內心欲求，沒有絲毫淺薄與低俗，讓人讀後回味甘長而不願釋手，得以較為清新的閱讀感受。

能以一懷憂樂心思與數行情愛文字，寫短時間的歡愉和長時間的悲戚，梁曉聲行走的言語老辣厚實。有人說小說語言「像詩一般優美舒暢，像音樂一樣怦然心動，像陽光一樣溫暖明亮，像油畫一樣絢爛迷人」。但，也正是梁氏襲用唯美語言定勢在《伊人，伊人》這部長篇小說中給人更多的是過於凝重文雅的感覺，深沉，抑鬱，甚至讓人不敢信服小說藝術的現實性及真實感。倘若能用生活的習氣震碎文學創作的桎梏，或能效習一回張三豐仗劍行走太極步法揮展小說寫作的鐐銬，都是更好地導引讀者輕鬆步入激情與夢想的天堂。文學創作的語言是個人化的言語，見仁也見智，真正的評判有待一般讀者的思量，而不僅僅是純粹的文化人和批評家幾言專業話語的論說。

（原載《大學生週刊》2006 年 12 月 21 日）

掛職官員的無奈和艱難

　　我對普揚（姜宗福）寫在《官路》（文化藝術出版社 2011 年 1 月版）中的江南市是熟悉的：勞力外流，農村荒蕪，資源變賣，經濟遲緩，涉黑貪腐，買碼賭博，洪災頻發……即便通過招商引資求來的外地老闆，常常不堪地方勢力的擠壓盤剝，不得不留下資產提前走人。這樣的環境，能否重新振作，讓我不無感傷和憂慮。雖然這幾年，市情漸有起色，但多次漏失了發展的機遇。我對普揚的官員生活，有過一些瞭解，曾向其掛職的當地某副局長打聽，得到的是：一個掛職幹部，沒有什麼實權，遲早是要走的。

　　他確實是要走的，來江南掛職的甯致遠也是要走的。掛職了 1738 天後，他很想延伸的官路被終止了。甯致遠原來做過山莊老闆助理、法制報社記者，在日報開過官場漫畫小說的連載專欄，幾經雀躍，機遇屢屢不得，後得恩師兼旅遊局長倚重，借調到雲夢市旅遊服務質監所負責，一次在網上發帖，談論區域旅遊產業開發的變革構想，引起了市委張文昊書記的注意。受張書記指派，他來到本有不少旅遊資源的江南，被安排給分管文教衛的邱副市長協管旅遊。當他第一次來到旅遊局辦公時，即刻被這個在雲夢市最早單列成局的主事機關驚呆了：局長有後台而不作為、不理事，手機長期處在關機狀態；資格最老的副局長，搞不清局裏有多少人；局裏除了一個沒轉正的外，其他八人都是黨組成員；辦公經費少得連接待上級領導的都不夠，財政統發的工資也存在嚴重缺口……這難怪旅遊事業在雲

夢地區開發得最慢了。連一座香火旺盛、有不少故事的山頭，都轉給了鄰縣。

邱副市長有自己的理想和追求，這給甯致遠發揮智慧和才幹，創造了一定的施展空間。他甘受「官場式屈辱」去招商引資，實施「空手道策劃」來啟動旅遊，炮製了有轟動效應的「銀砂灘熱氣球空中婚禮」……後來成為副市長分管旅遊時，他想法設法請慈善家把萬碑林園和屈原書院落戶江南，挖空心思開發黃龍洞、銀砂灘和雲林山，將搖滾音樂節、「十三村」廟會、山區漂流等專案做得有聲有色。一個外地人，使盡渾身解數，使日益虛弱的江南旅遊有了新的起色。

甯致遠時刻想有所作為，也能幹事，並幹好事。他分管教育，貌似強硬，在中學校長競選會上，提出「三腳踩死」的三年計劃：農村教師不准調動進城，城區教師不准調進機關，普通教師不准提拔搞行政，同時大規模裁減中小學行政職數。如此行動，收效不小，一年內踩斷了教育系統的腐敗後路，暫時間消化了臃腫的行政機關，然好景不長，朋友反目，領導厭惡，系統內的大小頭目抵制、作對和威脅。有人以集體的名義，舉報他政治上沽名釣譽、工作上胡搞亂來、經濟上貪污斂財和生活上包養情婦等罪狀。他躊躇滿志的人事調整方案，提前流產了。幸好，他沒權沒錢的現況、敢作敢為的風格，得到了清廉市長的理解和信任。

在三年市長助理兩年副市長的任期內，甯致遠原以為會有一個華麗轉身，有一個引以自豪的官樣年華。然所面對、所應付和所經歷的很多情景，使他強烈的激進思想，悄悄湮沒在朦朧的情感和無情的現實中。不論他在下鄉時怎樣和農民傾心交談，還是如何幫助沒有背景的大學生找到工作，或者抗拒美色、金錢、腐化的甜美誘

惑，甚至經歷換屆、陪選、上訪的殘酷挑戰……他的不合群、另類，迫使他無可奈何地成為了官路上的出逃者。他的離開，沒有高規格的歡送會，連組織部門對他最後的詢問，也多出紕漏，使人出乎意料、啼笑皆非。

他曾經的各種各樣的期待、歡欣、鍾情和戀愛，都是想做成一番事業、成為一個有位的官員，但提前的出局，留給了他清醒之餘的傷痛和驚愕，還有慰藉和溫柔。他在一次投票選舉中，毫不遮掩地寫下中意的候選人，雖有領導不滿，也沒被遭誤解、鬧紛爭而嚇住；他保護銀砂資源，開發森林公園，在缺乏政治戰友支持的前提下，依然堅持，贏來了文化賢達願意砸鍋賣鐵的激勵；他頂住了礦山吃人、學生中毒、人大混亂、財權喪失的一系列風波，經受了官場式人際中的虛偽與真誠，目睹了內幕重重的潛規則、怪現象……當然，他也感歎市長辦公室簡陋得遠不及有錢局長的豪華規模，感謝常務副市長在音樂節中看到江南旅遊業的魅力，更對張書記的賞識、支持和激勵有著說不盡的感動和遺憾。

普揚以獨特的人生經歷與官樣體驗，寫甯致遠的官場選擇和生存智慧，有很大的真實性和現場感。其中很多景點、鄉鎮、人物，及情景細節、敘述語言，都可以在現實中找到對應。尤其是出於對中國旅遊產業、房地產業的憂患意識，先後炮轟張藝謀盲目造「印象」、開發商捆綁高房價，突然走紅，引發千萬線民、媒體的熱切關注。對於這些，不能說他有用權力資源套取經濟利益的機心，也不能說其在即將失權狀態下不平衡的洩憤與炒作。在他的文字中，我們看到的不僅是權力背後的博弈和規則，還有許多鮮為人知的官員尷尬遭遇和官場弱勢群體。

　　雖說是掛職，沒有成為名副其實的公務員，但也是一個不大不小的處級幹部。親朋往來、老家修路、家族續譜等，自然不會放棄這位過得滋潤的達官貴人。然有幾人知道，在中部經濟不發達的縣級市裏，他每月除去保險費等後打到卡上的僅剩 2600 元，每年的公務開支一萬元中還需支付公車保險、維修、用油和司機補貼等。圈內人都知道，要權找書記，要錢找市長，副市長和市長助理手中的那點權錢，大多比不了手下的局長、主任與鄉鎮書記、鄉鎮長的闊氣，甚至不如一些實力雄厚、財力殷實的大局的小股長。妻子下崗待業，只能給人打些零工，他在外忙碌了一整天，回到家裏難免要接受妻子的牢騷、責罵、心痛和苦悶。看到這些，我不由想起一位基層幹部的直言：如果不貪點、拿點，得一些實惠和好處，不要說養婆娘伢崽，就是自己的生活應酬都難。似乎有些道理，但甯致遠的境況和苦惱，卻讓我看到了中國官員的清正、廉潔、艱難和希望。

　　普揚寫甯致遠，不無紀實筆墨，映藏了自己從政的無奈和艱澀，茫然和迷離。他借用官場小說的軀殼，貯滿了一個掛職幹部的理想、苦難和掙扎。我們不能簡單地將《官路》看作是一部官場小說，而應從他揭秘官場禁區、描述官途弱勢的筆記中，感知一位基層官員憂心天下、傾情民生的良知和清醒。執政為官，是替中國人執政，為老百姓做官，帶領廣大群眾謀幸福、創尊嚴。若如普揚所言，一些領導幹部，橫著簽字表示「可以擱著不辦」，豎著簽字意為必須「一辦到底」；「同意」之後畫空心句號，意味著「簽了字也是空的」，畫實心句號則說明要「全心全意」辦成……這樣的官場真實，自然帶給人民的是權力背後的隱痛與傷害，是中國共產黨執政為民的恥辱和黑洞。

　　普揚也好，甯致遠也罷，在官場中，似乎保持了與眾不同的生存之道，完善著融入而不墮落的獨立人格。然而，不能因普揚和甯致遠堅守著一介書生的本色和初衷，而將他們視為官場的另類。他們在失意和困惑中，是否也存有政治投機心理和權力失衡心態？這不能否認，單純地予以高潔的姿態。我在《官路》裏，除了看到官場小說的暢快善意和斑斕光亮，更多的有了一些莫名的遺憾：如此拉近距離、現場挪移地反映某區域內官場的前景、背後，甚至直接引用事實、搬用人名、改姓不改名、改名不換姓、換場不換景、換人不變事，這是作者普揚沒能避免的不成熟、不理性、不清醒。他是說了真話，道了實情，滿足了自己的宣洩和讀者的窺秘心理，但沒有想到這樣對地方政治的評論和轉述，也是對江南市乃至雲夢市原型環境、原型人物的一種損害和不尊重。一旦當地群眾對號入座地聯想曾經發生在身邊的政事紛紜、權力缺失，有可能對行政機關產生難辨是非的無視、質疑和不信任，使時任官員行使權力、服務當地時存在一定的妨礙、顧慮和冷漠，造成有作為的官員們困於前事、進退失據的憂慮與恐懼，還影響到其他掛職體驗、基層鍛煉的官員及有志氣、有理想的大學生村官在實際工作中的勇氣和心態。我們不反對關注民生、針砭時弊的官場小說創新出彩，但對於大規模甚至全部寫實的官場解碼，當持有一種理性接受、智慧觀察和價值分析的開放態度。

（原載《信息時報》2011 年 8 月 28 日）

艱難歷史已隨風而去

　　一次去單位資料室，在管理員座上發現一本《認得幾個字》，詼諧而不乏童趣的封面，頓時吸引了我。我信手拿起，默然展開，辛辣、幽默又凝練的筆調，夾雜在靈活厚實的文風中，給了我一種溫暖內心且清新攝魂的感覺。這是一本張大春用隨筆方式寫出的漢字童話，我想從管理員那裏借走，但被婉拒了。書是她私人購買的，她正在讀著這本所謂趣味不少的書。她有一個牙牙學語的女兒，正好學學怎樣教孩子識字。

　　借書被拒絕了，心裏有些不好受，但我想好好讀這本書，以及這本書的作者。旋即下樓，趕至單位書店，正好還有一本。另外還有一本《聆聽父親》，裏面記滿了在時代變遷中觸摸個人血脈的故事，如同一部有血有肉的人情史。張大春以與未出生的孩子對話的形式，從祖上五代說起，言及父輩，直至自己所處的時代，意圖借助個人的家族史來喚醒家族記憶，採用文化溯源的方式拯救文化凋敝，使我深受感染。山東濟南張家「懋德堂」，「詩書繼世，忠厚傳家」的祖規家訓，兩副與「福」、「貴」相關的楹聯，抗戰期間舉家顛沛流離，詩書功名，經商富貴……一連串帶著濃烈的中華傳統色彩的標識，帶我重溫了傳奇家族在不同時代下的動盪和變遷。

　　張大春追憶著，不斷講述家族故事，用心溯源中國文化。強烈的鄉愁，真誠的情思，憂鬱而深沉，感傷又蒼涼，雖其今日已是台

灣文學的領軍人物，陸續有作品斬獲大獎、贏得讀者，但他那激烈的憂樂情懷，自始至終掙扎在真實作文、平靜思慮的內心深處。

近日偶獲一本集結 13 章短篇小說的《四喜憂國》（廣西師範大學出版社 2010 年 10 月版），讓我再次感受張大春與眾不同的文學魅力同驚喜。他在流利的行文言語、鮮明的敘事風格中，不時對傳統文化展開深層次的思考，又形成鮮活可感的時代印象，使我產生許多懵懂的期待和憧憬。書中諸多篇什，大部分記錄了 20 世紀 80 年代的台灣社會風情，對當時嚴禁狀態下的小市民、大學生、普通士兵的心理和思想，也較充分地進行了描像寫魂的深度刻畫。

當時處在特殊時期，雖逐步解開了黨禁、報禁等極權怪圈，尋求著兩岸溝通與對話的可能，普通民眾也慢慢得到了言論自由、思想解放的部分權利，然歷史的陰影、時局的緊張，仍然束縛著從歷史中驚悚走過來的人們的心理，讓少數民眾在對中國內地的心態上，隱約留存有一種說不清道不明的敵意與迷思。在同名小說《四喜憂國》中，退伍軍人朱四喜，身份渺小，知識不多，又要撫養四個孩子，生活艱難，但一份「忠誠愛國」心情，使其一心想寫一篇《告全國軍民同胞書》，試圖喚醒「國民」「提防共產黨」、「反攻大陸」。他那顆「憂國憂民」的心，與當時「越來越糟的世界」，形成了強烈對照。他只是一底層小市民，無論是幫襯夥伴征訂報紙，還是娶妻生子忙於生計，心裏總有著揮之不去的「兩岸敵對」影子。他是在高壓政治下應徵入伍的，從軍時自然沒少接受效忠蔣氏王朝的半奴化教育，即便退伍後也不敢遺忘過去。這讓我油然想起內戰時期，國民黨軍官被俘虜後，一旦聽到蔣介石的名字時，即刻作立正肅穆狀。張大春在 1987 年寫出這樣的小說，難免是大膽「犯禁」，他不僅通過描寫四喜卑微貧困而不忘愚忠的形象，寄寓了深沉而凝

重的同情；同時，潛在地對上層權力的禁錮教育，給予了狠狠的鞭撻和諷刺。

　　1980 年代的台灣當局，逐漸有了民主和自由的光亮，但因此前長期困守特殊意識形態，導致民眾生活得不到良好的保障，也使一般市民的思想始終處在迷惘與驚惶的邊緣。一次突發變故，纜車被迫停止在半途，即刻起，多種狀態出現了，攝影家對遠處石頭和陽光有了興趣，幾個小平頭慢慢躁動不安，一對青年男女悠閒地依偎著，秀雅女子向惶恐母女伸出援助之手……而「我」望著半空中盤旋的老鷹，想到了粉身碎骨，想到了第二天報紙對罹難事件的報導，想到了人們對自己英年早逝的惋惜。一切的一切，發展在作者不緊不慢的文字和思緒中。突然「車身動了」，一片熱鬧蔓延開了，而作者的思路和顧念，卻在《懸盪》中形成了一系列虛驚場景，連成了一串觸動人心的影像，以及在潛意識裏觸發了一場「神經過敏」。

　　高壓過後的人們，免不了有神經過敏的症狀與悸動，這些被張大春捕捉到文字之中，給了讀者許多新鮮而沉重的感受。一對老倆口，因一些生活瑣碎、孩子境況，排演了一幕浮想聯翩、矛盾接連的家庭話劇。（《咱倆一塊去》）一個年輕作家，花了四百元找一妓女，僅僅只想詢問其置身風月場的來龍去脈。（《再見阿郎再見》）一名老兵，養了一隻雞，竟一口高價嚇走了收購者，卻不忘給小孩子留幾根雞翎紮毽子。（《雞翎圖》）一位大學生，和科任老師小有衝突，便被處為零分而招致勒令退學。（《新聞鎖》）在作者有趣而靈動的筆下，一個個性格獨立且切合時代特徵的鮮活人物，躍然紙上，如實地展現了冷戰時代的真實社會和理性缺失。

　　張大春擅長從小人物的生活中取材，用精確又簡約的文字，對一般民眾、老將軍、外國人、小資女人等生存環境與想像空間，進

行深刻而敏銳的敘述。他寫這些名不見經傳的人物，並非單純地呈現他們所發生與存在的歷史背景，也不是寫作他們的信史，而是結合政治意識下歷史環境的可能性，將一個個大膽出彩並難以捉摸的創意，同周邊可感且古怪離奇的人物連繫一起，寫出歷史局限和生命遺憾，引發讀者重新審視和反思一個獨特而不匪夷所思的時代。他沒有努力地創造精彩有趣、著實感人的片段，而反映、質疑和解構著特定歷史的真實，讓小人物盡情展現愉悅、歡欣、期待和憧憬，又不泯滅哀怨、迷茫、猥瑣和同困惑。

「作品無終局，人生實偶然。」張大春久受中國傳統文學熏染，又有深遠的西方文學識見，左右逢源，相得益彰，帶著朦朧的後現代色彩，在傳統話本的框架中，裝滿了隱去晦澀之後的黑色幽默同彩色思緒。作為張氏真正意義上被中國內地引進的第一本小說，《四喜憂國》充分展示了其賴以成名和為世人驚歎的小說功夫。今日，我們在這部小說集裏所讀到的，大多發表於 80 年代，不但有原台灣版的七篇小說，還新增了六篇小說，基本囊括了他早期的成名代表作，可作為其小說創作整體風格的代表。文中所述的歷史，早已隨風而去，但我們熟悉的艱難時世，將隨張大春文字的精彩同經典，永遠留在我們的悼念與慰藉裏。

（原載《新聞晨報》2010 年 12 月 12 日）

婚姻衝動過後的罪惡

　　很多人相信和追求一見鍾情，似乎是一種好奇、驚喜和時尚，然而在種種不瞭解、不熟知的情勢下，迅速墮入情網，轉為同居，結成婚姻，往往因不能經受社會、經濟、文化和性格的磨合，而陷入情感的危境，袒露人性的缺失和不擔當。雖然成功過一些先結婚後戀愛的範例，但大多數衝動者，除了給對方也為自己帶來一定的損害同侮辱外，更多的是盲目過後的清醒、傷痛與背棄。

　　隨著新社會、新思想和新觀念出現，新式的情愛婚姻裏，有不少好感、欲望和無所謂的成分存在，將倫理道德上的責任與忠誠，盡數付與激情、烈欲的煉爐，融化，揮發。雖有時受多方原因制約，卻難免在維持脆弱婚姻、支離家庭之外，尋求情人懷抱裏的溫暖。在一些堅守傳統婚姻體制的地區，受宗教意識強烈影響，女人嫁了出去，便不能重返娘家，一旦被棄、被冷落，命運是痛苦和悲慘的，不但沒有權利、家人、錢財，就連父母也不願生活在她帶來的恥辱和惡名下。

　　美國當代最具實力的作家之一吉娜・B.那海《裏海之雨》（邱儀譯，廣西師範大學出版社 2010 年 11 月版）中的猶太女子巴哈爾，雖然沒有被丈夫奧米德給予一紙休書，但自從她與丈夫的第一次邂逅，便已決定她很難分享到真正的婚姻和幸福。他們的結合，完全是一種衝動的悲劇，甚至可視為命運的捉弄，就連文本敘述者「我」

——他們共同的女兒，一個長有令伊朗人厭惡的紅髮、雀斑的雅阿思——也感覺了許多感傷和悲涼，悵惘和無助。

故事是巴哈爾 16 歲時開始的。她並不出眾，也不很漂亮，更談不上時髦瀟脫、聰明伶俐，只是一直對生活充滿著激情，想像著考上大學、當一名中學教師講授詩歌文學的好些情景，是一個非理性的樂觀主義者，帶有一定程度的執著和倔強。一個飄著雨滴和茉莉清香的春天早晨，她走在上學的路上，發生了一次並不嚴重的撞車事件，從而一步步地把她拉近了沒有愛情的婚姻懸崖邊，也一天天地將她放置在生活折磨、丈夫背叛的命運中。

她自以為擁有了一生的好運，虛榮且虛偽地生存在幻影和夢想中。而不論其怎樣順從丈夫，終止讀書上大學的熱望，減少和父母家人的來往，都無法得到男人的真愛和夫家的祝福。父親是在一些婚禮或葬禮上演唱的歌手，母親是一個不會縫紉的女裁縫，這樣的家庭和出身，自然影響了她在屬於上層階級的猶太人夫家的地位和尊重。她只能艱難而悲屈地生活於夫家遺棄在貧民窟的房子裏。

奧米德是德黑蘭富商的小兒子，英俊瀟灑，名下有許多錢。本來他可以和準新娘一同繼承數不清的財富，但他臨陣逃離，在最後一分鐘取消婚約。然因撞車事件中，巴哈爾所表現的倔強，以及蹦跳的腳步、頭後的捲髮，使他頓時有了好感——他覺得這個小女孩很容易搞到手。

容易得手的事物，往往不會被珍惜。在籌辦婚姻過程中，奧米德去珠寶店為未婚妻買禮物，邂逅了暴發戶的情人尼婭茲，事態發生了變化。他雖克制過自己，但忘不了這個為人情婦的名媛，並一直沉迷在狂熱的追求中，就連同妻子結婚七周年紀念日的當晚也不歸家。他不再觸摸巴哈爾了，最後拋棄了家中的妻兒。

　　奧米德與巴哈爾之間，雖有過瞬間好感、肌膚之親，有了自己的家庭、一個女兒，但他們一個是俊美的富家子弟，一個為貧賤的懵懂少女，只能演繹王子同灰姑娘的不現實的婚姻童話。奧米德沒有考慮到他的多情，會帶給受宗教婚姻束縛的妻子怎樣的痛苦，會在喪失聽覺的女兒心裏留下何等的傷害與陰影，更沒有想到婚外的刺激，同樣會留給華貴而可憐的尼婭茲無奈和恐懼。

　　尼婭茲是窮人家裏的遺棄女孩，自小備受磨難與苦痛，年紀輕輕跟從了一個老男人，可以暫時寄身在德黑蘭的高級酒店裏，不無奢侈地進珠寶店挑選華美的首飾，但始終是包養在金絲籠裏的一隻鳥。她有過叛逆的念頭，也不害怕當地對不貞女子所會執行的石刑，但卻受不了宗教的制約，受不了人們的想像與議論，只能在真情難得、性愛渴望中苦苦煎熬。她暗地裏接受奧米德，知道會帶給巴哈爾無限痛苦，然她無法克制作為正常女人的生理需求和情不自禁。她暫時擁有了奧米德的愛和性，卻沒改變同巴哈爾一樣的被侮辱、被損害和被玩弄的命運。

　　巴哈爾少女時代的幻想，以及對愛情的許多朦朧的期待和憧憬，最終都破滅了。即便曾隨奧米德多次出入上流人物的聚會酒宴，但她身上來自低層百姓的特質，仍不時淋漓盡致，遭受了所謂高貴者們的鄙夷、笑話和尷尬。她有過試圖改變的想法，想像著融入新的群體生活，而公婆的冷落輕蔑、兄嫂的鄙夷白眼，周圍的冷嘲熱諷與不尊重，女裁縫的侮辱、美容院的輕視，以及「死鬼兄弟」無休止的折磨和傷害，一次次地中傷了她原的心靈和自尊。她不甘心地屈從著，無可奈何地期待丈夫回心轉意，然這一切的一切，都只能延續在她的哀傷與頑強之中，也輾轉在女兒審視她的婚姻時所流露的敏感而又充滿魔力的目光裏。

　　從母親淒慘的婚姻狀態中，雅阿思看到了一切真相和命運的昭示。她只能一直保持沉默，直到一場大火之後，在飛舞的靈魂中，她才告訴母親一切的開始和結局，從而有了《裏海之雨》中千千總總：早婚的淒慘、夫權的瘋狂、宗教的專制、婚姻的不忠誠⋯⋯也包括貧富分化引發的種種歧視、冷漠和傷害。巴哈爾夢境中多次出現裏海之綠、裏海之雨，讓她隱約感覺那虛幻的溫馨而美麗的景象，充滿希望和蓬勃生機。但，制約在宗教氛圍、種族歧視與無情的婚姻狀態中，她只能接受現實的殘酷，接受丈夫背叛後帶來的痛苦、屈辱和迷離。

　　初讀《裏海之雨》最初的文字，我感到有些凝重和苦澀，但堅持閱讀下去，卻又觸摸到許多非一般作家功夫所能成就的魅力，諸如富麗而富於詩意的言語，私密卻精彩不斷的敘述，以及具有濃郁的中東色彩。我非常樂意讀那海獨特的表達方式與情節安排，讀她與眾不同的生活狀態和創作取向。她出生於伊朗，後在美國和瑞士接受教育，曾負責為美國國防部研究伊朗政治，經常就伊朗猶太人歷史和流亡主題發表演講，現在加州大學教授文學創作。她在代表作《孔雀哀鳴》、《信仰大道上的月光》中，多次揭示穆斯林和猶太世界的政局更迭和宗教衝突，以及中東底層民眾血性的痛苦和記憶。她在《裏海之雨》裏，通過巴哈爾的婚姻寫意，充分展示了當地普通女性少為人知的淒慘境況，和不同於發達國家的傳統習俗、宗教禮儀和婚姻選擇，如奧米德因對一女生好感便上門求婚、訂婚晚會從午夜前延續到第二天黎明、在新娘子手上和腳上塗抹散沫花。

　　巴哈爾的悲劇，主要是由於奧米德一時興起的佔有欲造成的，而她對富家生活、帥氣愛人的嚮往和選擇，也需承擔一定的責任。

這樣的婚姻現實，拋開特殊的社會、宗教、文化和經濟等因素後，
在我們的身邊時有發生，當下的 80、90 年輕男女，也有部分盲目尋
求一時好感、一見鍾情的神奇和衝動，提前進入同居、試婚、閃婚
甚至契約婚姻的開放狀態，似乎婚姻的責任、義務和價值，以及不
能突破的倫理道德底線，在他們的觀念、情感和思想中，早已成為
了一種陳舊。這些，是否真的過時了，或許從《裏海之雨》中可以
找到一定的答案。

（原載《新聞晨報》2011 年 3 月 13 日）

婚姻之外的幸福

　　古希臘早期喜劇代表作家阿里斯托芬尼斯，曾經編撰了一個美麗的神話故事，說在遠古的神明時代，地上的人都有兩個頭、四條腿和四條手臂，如同兩個現代人體天衣無縫地結合一起，或男女二性組合，或男男同性組合，或女女同性組合。他們可以四處橫行，隨心所欲，不需外人幫助，亦無衝突和混亂，非常完美，分外幸福。好景不長，完整的人類不再禮遇和尊敬神靈，招致萬能的宙斯發怒，揮舞利劍，將其分一為二，成為現代人形，不再完美，內心痛苦，生活乏味。

　　這個有趣的神話，被伊莉莎白・吉伯特引為《承諾・一輩子做女孩》（于非譯，湖南文藝出版社 2010 年 10 月版）中的一個材料。她結合不同時期的史料故事，穿插自己的親身經歷、心靈思想和旅行觀感，較深入又深刻地解釋著婚姻的真實同愛情的真理。

　　婚姻不等於愛情，有了愛情也不一定能成就婚姻，而結成了婚姻關係，也不一定可以享受真正的幸福和歡欣。吉伯特有過一次不成功的婚姻，在長期的僵持和衝突之後，對婚姻充滿了恐慌和驚悚。她選擇了逃離，開始了四處旅行。在旅途中，她遇到了大她 17 歲的巴西籍珠寶商人斐利貝。對方也有過二十多年婚姻史，但在十餘年前黯然結束。兩個人面對過婚姻的破裂、愛情的粉碎，都害怕慘痛的教訓與沉重的負擔，再一次折磨自己和對方。然經過一段漫長的

交往後，彼此安撫著愛人曾受傷的心。他們決定在互不干涉的基礎上，開始共同生活。

就在他們結束一次海外商務旅行後，再度進入美國境內時，遇到了一個涉及政治的麻煩。斐利貝被國土安全部盯上了。他試圖打擦邊球，重啟三個月免簽證機會，旅居美利堅和愛人廝守，但受到了滯阻。他們只能結婚，讓斐利貝成為美國人，否則他將無法返回同吉伯特一起建立在費城的小屋，更將會被永遠驅逐出境。無奈的他們，惶惑地接受年輕警官湯姆「牽線」的善意的建議。

在辦理結婚程序的幾個月期間，二人來到東南亞，開始了一次類似試婚的漫長流浪。吉伯特也進入了對婚姻和幸福展開一系列思考的心路歷程。在越南山地，她通過一個 12 歲的小女孩作翻譯，向群居此處的赫蒙族婦女打探婚姻的智慧。赫蒙人還處在原始部落時代，家裏居住了不少人，而基本上都是女性。她們的婚姻，停留在搶親、走婚的蒙昧狀態。雖然也有一人一配偶的現象，允許他們有性行為，可能存在不能聲張的愛，但，男人在大多時間只能和同性人生活一起，女人也和女人混在一起，性別被嚴格地分開了。不論吉伯特如何詢問、怎樣引導，她都無法從詭異的老婦人口中，知道當地人對婚姻和愛情的理解與想法。

在原始族群裏，應該沒有真實的愛情，婚姻只是傳宗接代的載體。而在暫時停留老撾瑯勃拉邦某一古鎮時，她在一家咖啡店上網時，側視鄰座的年輕僧人的螢幕上，看到了一行英語「我在想著你，我的愛人」，驚訝之餘，多了許多深思同憂慮。她想像女孩的國籍和年齡，又擔憂小僧人不為宗教容忍、世俗接受的命運。身著長袍、頭皮光亮的小僧人，仔細地閱讀了好幾次，靜然離去。這一種神秘的異國之戀，雖然不是很現實，有些匪夷所思，但也能看出任何地

域、每一個人的內心,都對愛情、可能還對婚姻,有著許多懵懂的渴望和憧憬。

婚姻是一件奇怪的事情。在《舊約》中,多數婚姻關係,維繫在氏族家庭內部結合。即便是兄弟殘殺、姐妹仇恨、父女亂倫或夫妻背叛的種種醜惡,也以婚姻為情感核心。在基督早期傳統中,婚姻也並非神聖的、美麗的。隨著耶穌降世、社會變革,氏族觀念發生強烈的變化,信徒們將性行為視為骯髒的、唾棄的,甚至威勢相對,稱為一種罪惡、一種褻瀆。他們徹底地否定了性和婚姻,不再延續希伯來文化中最為神聖、莊嚴的婚姻思想。千百年過去了,創新者與保守派不斷較量角力,使信眾們慢慢從生命繁衍方面,有所警醒和感悟,開始接納婚姻的事實和趨勢。然在很長時期內,他們忘記了婚姻需要的是法律的承認,而非宗教的裁定,但有不少人堅守著宗教約束婚姻開始或終止的褊狹同偽飾。就在以儒家思想為精神內核的東方文化體系中,婚姻是受道德輿論約束的,任何情愛和性愛,只能在道德的尺度下默默存在。即便有愛,只能接受道德倫理的監督和制約,而將人性自由、婚姻自主執行了一致毀滅。所謂父母之命、媒妁之言,雖成就過部分幸福的家庭,但一紙契約式的婚姻制度,延續至今,雖已進入法治社會,卻頑固地扼殺婚姻的幸福尋求和價值取向。

透過歷史的煙雲,受時間的居囿、空間的限制,許多人在婚姻面前,都扮演著失敗與無助的角色。相愛的吉伯特和斐利貝,也曾背負著婚姻中的苦痛和艱難,以及離婚後的悲傷、悔恨、孤獨和一定的經濟負擔。而在聲稱民主自由的美國社會,離婚時,持著法律天平的官員,對於當事人婚後的幸福和矛盾不聞不問,只是關心離婚後的財產、房產、債務、子女等如何處置。這些使從圍城中黯淡

走出的吉伯特，對婚姻充滿無限的恐懼。她雖想到了鄰家大叔沒有經歷戀愛卻在漫長婚姻生活中享受的幸福，想到了爺爺親手將奶奶的骨灰埋在自家農場裏的情景，同時，也聯想到利益婚姻、金錢婚姻、種族婚姻、異國婚姻等的現實、曲折和悲屈。她在離異後所承受的負擔和迷離，使之對同性戀婚姻，給予了同情和一定程度上的認可。

雖然身邊有女人開心地告訴她，正在享受婚姻的幸福。但，她質疑了，婚姻的幸福，能持久地存在嗎，是真正的現實嗎？她最終堅定地選擇和「《一輩子做女孩子》裏面的巴西人」斐利貝，結為夫妻，進行婚禮，樂意地嫁給這個年邁、透頂的男人，欣然地成為一對年輕夫婦的繼母，主要是因為兩人在漫長的磨合、清醒的反思之後，有了一種強烈的愛情和善良的力量，使她勇敢地感受到自己的「一生從此再也不能沒有他」。他的寬容與豁達，擔當和責任，主動做飯做家務，讓智慧的吉伯特相信找到了真愛。他們在熱帶雨裏氣候地區，居住在又舊又潮的木屋裏，互相安慰和鼓勵；他們在湄公河畔那對年輕窮苦夫婦那裏，看到了婚姻的快樂和希冀；他們從吊腳樓裏目睹一個現代女孩對傳統婚姻的無聲反叛中，發現了對愛與被愛的艱難追求。

也許婚姻真是圍城，但錢鍾書和楊絳的愛情，確是中國文學史乃至人類文化史上的一段佳話。從圍城中艱難走出的吉伯特，繼寫出超級暢銷書《一輩子做女孩》漫說女孩精神、情趣之後，又一次用銳利而充滿情趣和理性的文字，敘說了她重返圍城過程的憂慮、思想和情感。她理解了婚姻和幸福的關係，有清楚婚姻中的戰爭與顛覆，但還是願意一輩子為婚姻禱告。她以當事人的心思體味愛情，以旁觀者的眼光審視婚姻，以現場的情景描摹家庭，又從學者的高

度評價生存。太多的戀愛、迷戀和鍾情,雖不可能讓幸福自然地產生、降臨,但從吉伯特援引諸多關於婚姻的資料和感受來看,她確實找到了愛情、婚姻和家庭的真義與內涵。她結合身歷目睹與閱讀聽聞,真誠且深入淺出地寫作出《承諾》,試圖為每一個認識的、不認識的女性,提供一系列關於婚姻和幸福的忠告和建議,又努力為所有存在於婚姻之中、情感邊緣及拒絕婚姻、迷失愛情的男人們,做一次情感溝通。雖然她不強求人們去相信婚姻,但對婚姻的解讀和認識,懾人心神,又使人感染,讓大家在重新尋找溫柔的慰藉時,淡化暫時難以實現承諾的蒼涼和感傷。她傳遞著愛,輸送著勇氣和堅定,也容易使你產生堅定的愛和勇氣,激勵你去爭取同實現對婚姻的承諾。那麼,此時婚姻之外的幸福指數,又怎能是長久的未知?

(原載《圖書館報》2010 年 11 月 12 日)

悲屈情愛掙扎時代之縫

　　1984年聖誕之夜，大一學生陸丹青和高三學生斯佳在舞會上，不期而遇，情感發生了一次強烈的衝動。僅僅一瞬間的廝守，畫技還有些蹩腳的陸丹青，畫出了半張畫像，也用一根手指頭，膽戰心驚地帶給了斯佳一分鐘的高潮。沒想到，幾個公安破門而入，一起聚眾淫亂、流氓強姦的案件，隨之誕生、定性。

　　新潮生活初見端倪，懵懂青年原想自辦舞會，開始神聖的情感生活。他們徘徊在神秘的性愛帷幄之外，充滿了無限歡欣和好奇。但，命運的捉弄，卻使他們未識其真，卻喪其身。文弱男孩的生命，年僅19歲便打上了遺憾的句號；狂野女孩的情感，開啟了一生情感的迷離和苦澀。魯敏著力刻畫事件的後續發展，從多方面切入，真實地揭示相關聯的諸多人物的心路歷程，反映出思想解禁初期的情感悲劇，更讓我們重溫了1990年、1996年、2000年及2006年不同時期社會意識下青少年情感取向的變異。所有的糾葛與延伸，集結在性和愛上面，使人在驚異和惶恐中，找尋著《此情無法投遞》（江蘇文藝出版社2010年10月版）的歷史原因和時代陰影。

　　陸丹青和斯佳正處於有許多懵懂的期待和夢想的青春期，在性愛面前，自然有著說不盡的好奇同神往。他們還沒真正進入戀愛狀態，但從二人的表現和選擇來看，已涉足情感激烈又思想激進的鍾情境地。然而，走在封閉邊緣的人們，無論是報警的居委會中年婦女，還是動作粗魯、言語粗鄙的女公安，或者其他人，對於源自天

然人性的愛和欲，卻是不理解和杞憂感，都近似嫉恨地揮舞著法制的鐵腕。他們不管人家是否兩情相悅、自由戀愛，僅憑處女膜已破的現象，便胡亂科處強姦大罪，裁定擇日槍決。如此草菅人命、主觀定刑，又唯公安獨主，不見檢察、法院方面參與，顯現著對法律的褻瀆和蔑視。從處理者何公安的話語中，我們可以感覺到當時的嚴打，打的不但是危害社會的刑事犯罪，也打造制定標準、追求資料、不重取證、放棄調查的政績工程，嚴酷地打壞了不少遵紀守法人家的幸福生活。魯敏提及，某一小夥與同伴打賭，強吻了一過路女孩，便判了 15 年，再上訴，便處死刑；一個不到千人的機械廠，上面一次性規定 30 個嚴打指標，執行者們只好查在廁所寫髒話者、在學校早戀者，一股腦定為違法犯罪。據以上情形看，大多輕薄、非禮的惡行，屬於性騷擾範疇，情節有輕重，不至於妄加重刑。寫到這裏，我想起時有新聞，說某夫妻在家播發 A 片，被告密，罰處重金，不由納悶，難道將掃黃掃到老百姓的床上，還能在法律法規的條文中，找出幾條記載、數種依據不成？

在嚴打中出現不查證據、僅求數量的現象，是中國特定時期法制強勢而法治薄弱的重要表現。殺人、搶劫、強姦、詐騙一類社會隱惡，層出不窮，時有發生，嚴打是維護治安的一種手段，但容易為涉嫌殺良冒功者們製造、空留不少的法律漏洞。陸丹青的生存基本權利，本應得以捍衛，但被無辜而過早地扼殺；熱心服務於高等教育的陸家，因此長時間地蒙上了陰影和屈辱。父親陸仲生本是出了名的「高蹈派」教授，突經此事，日漸卑微，就連去食堂打熱水，也如行屍走肉一般躲閃，上公安局問兒子案情時更是驚惶茫然。母親藍英不敢相信俊秀懂事的孩子黯然離去，她抑鬱迷惘了，不但要

逃避左鄰右舍的熱諷冷嘲，還得偷偷一人早早地去菜場，尋找暫時的安慰。

斯佳在那一晚，完成了女孩向女人的轉變。她沒因案件遭受多大損失，後來考上了大學，參加了工作，然不時追憶前事，有了許多清醒和罪惡感。數十年間，她熱愛生活，渴望愛情，想終止靈肉懵懂、感性選擇過後的情感流亡，但社會一次次的重壓，迫使其靈魂和肉體頻頻遭受侮辱與戕害。她忘不了丹青給予的那一剎那的激情和興奮。也許他們之間有好感，或者一見鍾情，卻肇始了兩條永不匯集的悲劇源頭。她母親是一名部隊中堅力量型演員，長年累月奔波在外，就連在女兒失身後也是匆匆來去，只有繼父從其 7 歲開始便陪伴身邊，使她年幼的心靈裏有著一種佛洛依德戀父情結。她一直暗戀撫養她成人的成熟的繼父，而軍人繼父有著堅強的意志，使她屢屢機遇不得，最終導致她滿足於陌生男孩的一次手淫。破碎的家庭，成長的環境，影響了她對男性的渴望，但親身經歷使她在傳統和後現代的衝突解構中，形成了性冷淡的自閉心態。在她的潛意識裏，熱情的繼父展示了男性陽剛，但一再拒絕她作為正常女人的渴求；多情的丹青看似給了心態上的解放，卻被早早地結束即將開始的情愛歷程。她雖有過短暫的兩年婚姻，又和文藝青年、校對部主任、情感版編輯等男人有過一定程度的曖昧，後與一名叫「暴力美學」的女網友同住，然她記憶深處一直困擾在一生的不倫之戀、一時的撫慰快感中，不能自拔。無可奈何的她，雖然一直頑強地生存著，但又一再演繹愛情的失敗者，一再遭受世俗的擠壓和蹂躪。她有著無懼中傷的心理和姿態，而面對家庭、藝術、錢財、性愛、健康、友情、激情、理想和事業等人生問答時，她一一予以了否決。尤其是對於性和愛情，她強迫自己逃離回味和負罪的懸崖邊

緣，去尋找真愛，但始終在愛而不得更不能的掙扎著，苦苦思索，慢慢煎熬。

許多年過去了，斯佳沒有從青春時代的悲情中，徹底地解脫出來。歷史的殘酷，法制的冷酷，讓她身歷目睹了一個年輕生命如脆弱琉璃般的毀滅。愛與欲的背離，愛和痛的傷逝，造成原本敢愛敢恨的她，不再狂野，不再自信。後來的社會現實和情愛新潮，讓她，也讓更多的經歷過那段歲月的人，更是不敢想像。陸教授夫婦後來生育的小青，雖只是花季少女，就自主上電視「超級舞台」秀街舞，還被父母在房間的垃圾袋裏找出了開啟過的避孕套，以及約會小紙條、豐胸廣告單、脫毛膏說明書、咖啡館優惠券之類。在小青看來，哥哥在 22 年前搞舞會，約女生，為愛而死，厲害有型，甚至將父母一生的痛、哥哥過早的死，視為一種值得炫耀的「酷」。

每一個性情男女，都可以分享情愛與性愛的痛感和快感，這是不可剝奪的人身自由，更是應該堅強捍衛、永遠追求的權力。但是，陸丹青和斯佳的那一次無實質的衝動，不但夭折了他們對真愛擁有的憧憬，而且帶給身邊許多人很長時間的悲情生活。這是法制社會中生命的無助和脆弱，也是特定歷史時代的悲烈與殘酷，更是當代中國完善法治社會進程所要記取的教訓。魯敏在長篇小說《此情無法投遞》中，用散文式的語言，體現時代思潮變局，反映人物深層心理，讓不同類型的情感表現得淋漓盡致。雖沒有赤裸裸的性事描寫，也沒有半點偽飾與張揚，卻將性和愛烘托得特別的赤誠與真實，使情感同社會的自然交流與天然衍化，找到了順應時代變化的位置。魯敏洞察不同時期、不同階段的男女的生活關係與情思變化，為探尋人的性情本真、倫理實質與自主意識，提出了極具針對性與穿透力的社會問題。

何為愛情內涵？自由，輕鬆，平等，理解和寬容，這些只有愛過和被愛過的人才能理解和明白。它不需要太多的信誓旦旦、花前月下，不需要時髦的玫瑰咖啡、甜言蜜語，卻離不開愛和勇氣，離不開真誠和慰藉、擔當和責任。魯敏寫改革開放後的愛情選擇和觀念，使之具有一定的代表性與典型性，其中溫柔和沉重，透露著蒼涼和感傷。故事在悲情中蔓延發展，有苦痛和哀思，有擔憂和期待，雖此情無法投遞，但我們都能結合當時的歷史背景，發現映藏在時代中悲屈、掙扎的情愛真相。作者巧妙地插入亡靈陸丹青書信，通過其旁觀者自清式的話語，表現出他對初戀的刻骨銘心，對愛人的關注，對親人的關切，以及對不同時期受社會影響的情感分析，值得我們對現代法治社會普通人家的情愛、青春期性教育的疏導和引向，有一個理性而正確的認識。

（原載《I 時代報》2010 年 12 月 15 日）

朋友，請珍惜眼前的真愛

近兩年來，隨著影視媒體的廣泛傳播，網路病毒式的推波助瀾，電影《暮光之城》、《愛麗絲夢遊仙境》等，以系列化的規模，在中國，特別是校園裏、職場女性中，抓住了觀眾滿懷各種各樣期待與歡欣的目光，催動歐美純情小說漸漸成為一個時下最為風火的文學載體乃至文化名詞。

在大眾的閱讀視野中，這一帶有鮮明夢幻色彩的愛情讀本，也吸引著許多正在親歷、或在回味浪漫情思的男女，忙裏偷閒地迴避身邊的繁雜煩擾，靜心而輕鬆地感知書中的真情實感。英國新銳暢銷書作家凱莉・泰勒，接連推出佳作斬獲大獎，贏取了「歐美言情新天后」的花冠，又於 2009 年 10 月出版小長篇小說《天堂可以等》（孫璐譯，江蘇文藝出版社 2010 年 5 月版），創造了當年度英國最佳圖書的佳績，並在短短二月內創造九國版權引進的童話。

《天堂可以等》充分借助了地獄、幽靈等奇幻語境，但，沒有過多的弔詭奇異的情節預設，沒有赤裸血腥的性愛渲染、暴力描述，只是通過露西自生而死、由人至幽靈的心路歷程同遭遇見聞，見證了一曲超越生死、守護真摯的愛情傳奇。

「天堂可以等」，貌似對基督信仰的極為不敬，然而這一行為的背後，卻有著一份令人心動、引人歆羨、使人心底溫暖的情感力量，讓人慢慢滋生出各式各樣的朦朧但親切的憧憬和期待。

　　露西在恐懼、懷疑及堅定心理的作用下，成功地找回舊愛，引發人們在閱讀時，內心產生強烈的對愛的呼喊和震懾。或許我們還不能像女主人公那般擁有神奇力量去改變什麼……可是，我們至少能在浪漫而不荒誕的童話裏，分享驚奇，熱愛生命，感受愛情，認真地珍惜現在所擁有的，更加愛自己，愛自己所愛之人。這是一種幸福的活著，更是一種接近完美生存的象徵。露西為了捍衛和保護愛的自由權利，無論是付出多少淚水，還是綻放多少笑容，終於等到了與男友丹的穿越生死的真愛。

　　露西和丹真心相愛了七年多，雖然都很年輕，但在彼此的心裏，對方都是愛情與婚姻的不二人選。露西為了和愛人的婚禮，已經準備了很長時間。丹為了使愛人能無悔地和自己建立一個穩固的家，在新婚前夜還不無責任感地懇求未婚妻冷靜地思考清楚。露西滿懷信心和喜悅地將要把名字「露西‧布朗」改為「露西‧哈爾丁」，成為「丹尼爾‧哈爾丁先生的夫人」，對於這一改變，她非常理性，非常堅定，同時也充滿了許多期待、鍾情和愛戀。就因為她為了自我擁有最後一個少女之夜，堅決地拒絕了未婚夫留宿的請求，但是作者把筆尖突然蕩開，使她在最後的忙碌中，一不小心從梯子上跌落下來，也跌進了地獄的邊緣。

　　她不經意地帶著對準丈夫的愛，靜靜地死了。然而，她不敢相信。她希望這是一場夢，不忍去想像愛人把自己的僵硬的身體抱在懷裏哭喊的情景。她想到了丹的可愛與摯愛，想到了在父母離去後的無助感，她勇敢而堅定地放棄了鮑勃指引去天堂與父母團聚的路徑。她要成為一個幽靈，去用一生守護愛人。

　　為了和愛人重新廝守，她努力在 21 天內幫助一個陌生人、一個邋遢古板的電腦工程師阿奇博爾德找到愛情。她要在完成幽靈之家的

任務後，立馬去見心上人。她忘不了父母死後，丹不離不棄給予的呵護同關愛；忘不了去年在新福里斯特露營，丹拿著白金戒指向她求婚；忘不了丹寬厚的笑容，熱情的眼神……一切的一切，激勵她可以忍受布萊恩的古怪、克雷爾的嘲諷，以及幽靈之家的齷齪和腥臭。

露西終於成功地完成了任務，使曾送三明治到比茨電腦公司的薩奇，徹底地愛上了傳統老派的阿奇，同時也與幽靈同伴及其他人，製造出了一系列有趣的故事。雖然其間，發生了一些誤會、麻煩，一再看到一張可怕蒼老的臉，但她無論在奔赴約會途中，在化裝舞會上，在餐廳與阿奇奶奶的爭吵中，她都時刻想著幫助阿奇找到人生真愛，同時也實現自己與丹的真愛重續。

幽靈是可愛的，真愛是恆久的。克雷爾幫助露西完成了任務，露西在完成任務後依然放棄了天堂的邀請。在鮑勃們一再催促她登上去天堂的電梯最後一刻，露西還在掙扎，掙扎著重返人間，和愛人團聚。恰到此處，作者有意地、也有趣地將小說來一個喜劇性的結尾，讓露西在地獄邊緣，遇到了朝思暮想、牽腸掛肚的丹。丹死了，身上還是穿著他們分別時、露西出事前那套衣服：黑色 T 恤、骯髒的牛仔褲、邋遢的跑鞋。這樣的相遇，這樣的著裝，不難發現，丹在愛人離別後的消沉與等待。雖說這是兒女情長的一種無可奈何，但連繫露西在靈界 21 天──人間 21 月的爭取，不能不說，這是真愛的一種圓滿表現。

露西與丹相遇了，相遇在地獄邊緣。他們可以攜手登上去天堂的樓梯了。但不論以後怎樣，他們都足以有選擇在一起的權利。

在虔信耶穌的西方人心目中，天堂是最美好、神聖和純潔的，但露西為追求真愛而放棄去天堂的機遇。也許，她和丹最後上不了天堂，甚至要下地獄，然我相信，她也會樂意選擇。因為他們堅持

了對真摯情愛的捍衛與找尋。他們最終的結合，雖有鮮明的喜劇色彩，其實是一個典型的悲劇。只不過，他們的悲，卻能驚醒許多相愛的人，更加地珍惜眼前的摯愛，信任，寬容，幫助和守衛，這裏面本來就是人性、愛、情感與思想的真實。

時下中國本土小說，很大一部分在創造或效顰狂熱化，總是無法擺脫性愛渲染、激情宣洩的影子。無論是城市主題，還是農村題材，都被時代的作家們創作出較為沉重的權力話語，甚至在一些年輕的作者的思維和思想之中，活躍最多的，往往是不符其年齡段的文字表現。然而，在緊張工作之餘的讀者，真正迷戀的是一些與他們接近的話題，即使是唯美的言語，或是浪漫的鏡頭，他們總能感覺到淡淡的憂傷情調和清清的生活色彩。哪怕是感傷與蒼涼，他們也能感受到很多溫柔和慰藉。

凱莉·泰勒自由優美的文字，貼近有些小資情感、卻思想激進的讀者群的平常生活，也能感染了與這一讀者群體有著親近關係的人們。作者擅長於魔法師一般的語言表達，使讀者誤中也迷戀文字戲法的美麗張揚，而欣然走進《天堂可以等》之中，可能看到的不僅僅是這些問題的答案。即便是一個通俗的詞眼，一個特殊的符號，甚至是一個心語的解說與傳遞，都能在珍惜真愛的主旋律中，感受到年輕人的情感三重奏。

譯者孫璐從熟悉的情愛生活中走出來，很大程度上較好地與作者凱莉·泰勒在年輕快樂的心思有了融通，很好地體會到了文字中的幽默輕鬆，還靈活地嫁接了中國讀者的心理需求——美麗，年輕，清新，還有很多可以意會而不足以言說的濃濃淡淡的親切。

（原載《圖書館報》2010 年 9 月 17 日）

如果覺得生活太痛苦

　　近年來，地震、火山、海嘯、冰凍、洪水、沙漠化……不時侵擾、危及我們早已不平靜的生活，使我們不得不擔憂《2012》中的慘烈，會在不可預知的時刻發生。憂慮雖不可以為信，不足以為恐，但絕非多餘，即便發生，也是難以預料，我們只有盡可能地避免損害大自然，而不能去生造人定勝天的無奈愚舉。

　　天災的出現，是自然環境頻遭創傷後的無情報復。許多人奢求一時的私利，破壞了一世數代乃至更長時間的生態平衡。生態失衡，環境惡化，悄悄掠走不少生命，但在很多時候，生命招致虐殺，家園備受毀滅，確是來自人禍的威力。

　　1994 年 4 月 6 日，一架載著盧安達胡圖族總統朱韋納爾‧哈比亞利馬納和布隆迪總統西普里安‧恩塔里亞米拉的座機，在盧國首都吉佳利上空被火箭擊落，兩國元首同時罹難。翌日，空難在盧國境內引發了胡圖族同圖西族的互相猜疑，從而爆發了一場規模空前的武裝衝突和種族大屠殺。美籍作家烏文‧阿克潘的《就說你和他們一樣》（盧相如譯，江蘇文藝出版社 2010 年 6 月版），就是這個人間慘劇的一個縮影。他通過一個小女孩的親歷與口述，真實地反映了暴力爭端中的悲烈——胡圖族丈夫，迫於族人的恐嚇同威逼，用大刀兇狠地砍下了圖西族妻子的腦袋。雖然他們一直相愛，多麼真摯，多麼深沉，哪怕她已有了身孕和孩子，但為求生存而不得不妥協的行為，化作了製造無法彌補的悲慟的利刃。無奈的丈夫，無

助的妻子，無依的孩子，無情的族人，在不同信仰、不同種族面前，成為了矛盾激發、衝突升級的受害者。

人的生命是寶貴的，不是任何人力、威權和法律所能隨意剝奪的。我們熱愛生命，呵護生命，在創造美好生活的同時，除了感恩、歡欣與鍾愛，還需相互尊重。但是，無法逃避的殘酷與苦痛，給人一種許多沉痛、無限憂慮的場景感。部族之間的隔閡同仇恨，令自由通婚的制度變質，讓原本親密的兄弟反目，使叔叔面對年幼的侄女受到侵害時異常冷漠。在他們面前，只有不可調和的部族矛盾，只有慘絕人寰的血腥屠殺，已無法找回昔日的溫馨和親情。他們放棄了羞恥心與責任感，衝破了人性和良知的底線，甚至不公平地脅迫他人遠離生命的希望，使對方無法接近幸福的彼岸。偶有幾絲同情的溫暖，但只能掩埋在冷酷的恐懼和感傷之中。

這次種族滅絕行動，是胡、圖二族長期爭鬥與不斷衝突的大爆發。在當地媒體和電台的煽動下，此後 3 個月裏，先後約有近百萬人慘死在胡圖族士兵、民兵、平民的槍支、彎刀和削尖的木棒之下，絕大部分受害者為圖西族人，其中也包括部分同情圖西族的胡圖族人。幾月後，盧安達愛國陣線與鄰國烏干達的軍隊反攻，進入吉佳利，擊敗了胡圖族政府。200 萬胡圖族人，包括一些屠殺參與者，害怕遭到報復，逃至鄰國，數千人死於難民營。

面對屠殺，婦女和女孩是孤獨無援的。小女孩莫妮卡親眼目睹媽媽倒在爸爸的屠刀下。她還僅有九歲零七個月，只因長得像圖西族的媽媽，就遭到了平常稱其為香吉的同族壯漢強暴。像這樣脆弱無助的女性，除了死於非命外，數十萬的被強姦、輪姦，受到野獸般殘忍的大規模性暴力摧殘，飽嘗了恐懼與屈辱。倖存者中，大多數女性生下了孩子，許多孩子帶著人體免疫缺損病毒、愛滋病病

毒，而原來的家庭拒絕這些母親和孩子，讓她們陷入了更為悲慘的情感空間。同時，也潛在地傷害著這個疲憊的國家同無奈的人民。

阿克潘是一位出生在奈及利亞、留學於密西根大學的耶穌會神父、神學院教師。他曾遊歷半個地球，有著許多人生經歷，但他時刻關注著人間的弱勢群體，帶著平實的文字，記述種族滅絕、部族廝殺的人性缺失。他所觀察、所表現的恐怖、混亂與不安的場景，是人類曾經發生、迄今仍在蔓延的悲情慘劇，雖然有些駭人聽聞、懾人心神，然現實的無情慘絕，使許多人在那一雙雙落寞無助、期待改變的孩童眼睛裏，看清了什麼是比天災惡劣千百倍的人禍，看到了親情在人性罪惡中的毀滅和苦難。

莫妮卡的媽媽死了，同情圖西族的爸爸在挾持中走了。爸爸能否回來，還是一個期待與希望。曾經的母愛父愛，給過她和弟弟一些溫暖和慰藉，溫柔和感傷。而在她生存的環境周圍，也許是同鄉，也許是異國，有許多和她一般年輕的孩子，根本無法享受到家庭的溫存。吉迦納的姐姐梅莎，僅僅十二歲，就靠賣淫供養父母和兄弟姐妹。她希望找一份正常的工作，更希望弟弟能考上大學。而他們的媽媽，呼喊梅莎為妓女，稱謂吉迦納是皮條客，當一聽聞女兒被幾個老男人接走後，就在幻夢白人觀光客能給他們錢財和幸福，而其扒手丈夫，除了躺在家裏外，便是時刻想著弄開女兒的箱子。十歲的柯奇帕，也是不幸的，爸爸罹病在床，家裏全靠媽媽的辛勤勞作，而他的叔叔，一門心思地矇騙他和妹妹，企圖賣掉他們，數番輾轉，遭遇了教會人士，或非政府救援組織的人員，或其他形形色色的人。雖然最後人販子叔叔死了，他跳出窗台，但他是平安地回家，還是成為墮落街頭的流浪兒，成為黑惡勢力的尾隨者，不由使人感到心痛，不敢想像有什麼力量可以去改變他們。

　　《就說你和他們一樣》是阿克潘的第一部短篇小說集，包括反映莫妮卡悲劇的同名短篇《就說你和他們一樣》、勾勒梅莎不幸的《聖誕大餐》、表現柯奇帕遭遇的《為了到加蓬，要吃胖點》，以及記述一個準備去阿迪斯阿貝巴的六歲女孩尋找《嶄新的語言？》，自出版後，得到了全球數百位名人、無數家媒體的感動推薦，長期熱賣，時常獲獎，就連最具影響力的「薦書人」奧普拉・溫弗瑞認為：「我從未選過這樣一本書，每個故事都讓我心痛得無法呼吸。」是的，四個不到十歲的小孩子的心路歷程，將部族衝突中的血淚真實同破敗人性，淋漓盡致地展現出來，使我不敢作深層次的想像，但又不得不隨著天真無邪的孩子，去窺探、深思殺戮與欺騙背後殘忍怪異的真相。

　　阿克潘不是一個專業作家，卻用近乎紀實、如實想像的文學方式，把貧瘠生活中的真正非洲樣貌、人類傷痛，娓娓道來，靜靜敘述。雖只有淡淡的情節鋪陳，但不時閃爍智慧與幽默的光亮，使更多的感染力、震懾力暗湧在堅忍的描述中，誘使我們去憂思強烈的野蠻、迷信、蒙昧與落後。他將一個永劫不復的悲慘真實，合理、中立地展現在受害者的視角中，讓讀者在感知其獨特的道德勇氣的同時，期待千里之外、萬里之遙的人類同族，從狹隘的種族集合、信仰單一中突破重圍，營造優勢，發展經濟。經濟落後，生產力低下，許多貧苦者在聖誕夜裏，只能嘗嘗強力膠、麻醉劑，或者滿足於欺騙性的食品而忽視被出賣的厄運。就連簡單的溫飽生存，都無法得以保障。希望同夢想，停留在很遠的地方。只有把經濟建設置之首位，實現了普遍富裕，才使人們平等地分享社會正義與自由權利，而不使莫妮卡、吉迦納、柯奇帕們成為下一批種族主義、恐怖

主義的傳承者，避免人類血淚史上悲烈和仇恨延續下去，拒絕難測的天災與驚恐的人禍同流合污。

（原載《新聞晨報》2010 年 7 月 25 日）

在超越種族中振奮人心

　　本來每一個人，與生俱來便擁有公正平等的人身權利，但隨著社會的發展、經濟的嬗變與文化的變異，慢慢地滋生了種族、民族和國家之間的等級分化。美國作家凱薩琳・斯多克特的長篇小說《相助》（唐穎華譯，中國城市出版社 2010 年 4 月版），以美麗的密西西比為背景，為真實描述了白人雇主和黑人女傭超越膚色、衝破界限的種族衝突，著力表現了一位白人貴婦與兩位黑人雇傭的信任與相助，同時揭示了白人世界對黑人勞動力的歧視和侮辱。

　　美國的黑人，主要是殖民者從非洲販賣過來的奴隸後代。他們大多生活在社會底層，忙碌在種植園、農場和大大小小的作坊工廠裏，為白人老爺夫人公子小姐們辛勤地勞動著，創造了無與倫比的富裕與歡樂。然而，在受益者的眼裏，他們始終無法分享公平的福利和待遇，甚至連小小的尊重和微笑，都往往難得以一些半許的體現。頗有紳士、貴婦風度的白人們，粗魯地稱呼他們為黑鬼，絲毫不予以正常人的禮貌。在黑人鐘點女工艾碧蓮、明尼辛勞服務的南方傑克遜鎮，黑人和白人聚居，白人們對她們，有同情者，有無奈的冷漠者，有想方設法挑剔者，更有侮辱人格與傷害人性的醜惡行徑不時出現。慈善協會明文規定，雇主們需出錢，在戶外為黑人們建造統一的廁所，或在家裏特設衛生間。如果哪家沒出錢或因房子小了沒專闢特別間，刻薄的西麗太太們，可會得理不饒人了。

　　《相助》中都是發生在 1960 年代的一些普通的家居事情，既沒有百年前林肯時代南北戰爭作為時代背景，也無四十多年後歐巴馬入主白宮引發的振奮，簡單的故事情節，平靜的日常對話，讓讀者不時感受了溫暖人心、清明透徹的光亮，也不排除讓人心寒、令人齒冷的隱惡悄然發生。

　　艾碧蓮、明尼和雯小姐，雖有著不同的膚色，來自不同的階層，但隨著接觸多了，她們產生了許多令人無法想像、但真實可信的情感與親密。她們逐漸心靈相通、情意互融，勇敢地在大時代的激流中，走上了氣力綿薄而憾人心神的變革之路。在艱難的掙扎中，她們這些小人物，直面種種委屈和偏見，學會了堅忍與反抗，形成一股真摯無私的情感愛力，敲擊著男人至高無上、女人形同擺設的權力社會，衝擊著白人頤指氣使、黑人苟延求生的種族界限，試圖用具有震撼力的文字扭轉有色人種的賤民命運。

　　艾碧蓮人到中年，始終恪守地為白人扶養孩子、操持家務。她一共帶過 17 個白人孩子，而自己年紀輕輕的兒子在一次打工歸來，勞累過度，而被飛快的車輪無情地碾去。她哀傷了五個月，還是選擇出來幫工。她已不在乎並非實價的薪水了，雖然她的勞動價格早已超過每小時不到一美元，但她還是任勞任怨地、不計得失地忙碌著。她留心地聽著太太們閒聊，對她們的無聊、無知嗤之以鼻，對雇主完全漠視孩子氣憤不已，關心祝福同樣受苦的兄弟姐妹。當後來雯小姐向她諮詢家政問題與女傭經歷，她飽含激情地講說著，還動員明尼、露紋娜等人傾訴。她曾有過擔心受怕，但勇敢的心，一直激勵著她，她不再畏懼西麗太太欲將其訴至法庭的威脅。

　　全書以艾碧蓮自述開篇，用其敘述終卷，中間寫廚藝為當地首屈一指的明尼，因為心直口快而一次次被解雇、中傷報復。一個酒

鬼老公，五個孩子，肚子裏還懷有一個，明尼不得不苟延式的選擇、服務於不同的雇主。後得益於艾碧蓮的幫助，她來到剛剛搬到傑克遜郊區且不為當地白人太太接納的希莉亞太太家，此後的命運如何，不得而知。

又高又瘦的、懷著作家夢想的雯小姐，平時從未做過家務，就連髮型和穿著都依賴於母親幫忙。大學畢業後，她回到農莊，和西麗太太們從事著白人婦女的一些聯盟活動。在此期間，她認識了艾碧蓮，瞭解了女傭這個群體，慢慢地心有感觸，由寫家政專欄開始，發展到為黑人女傭的殘酷生活請命著書，記述她們勞苦屈辱的工作。即便她被原來的交往圈孤立了，未婚夫也憤懣地索回戒指走了，但她還是堅定地為黑人女傭作真實寫照。

她們的努力，雖然暫時沒有改變社會定位、種族爭端，但是艾碧蓮、雯小姐們針砭現實的文字，從不平等中走出的毅然，使人清楚地發現她們意圖在種族重圍中實現突破的勇氣與決心。雖然專欄稿費、著作版稅，難以保障艾碧蓮們將來的生活，但是她們還是義無反顧地追求著尊嚴和權利。

儘管發達的美國，引領著全球的富庶繁榮，長時間地為白人主宰奴役。然而，如果離開了為數不少的有色人種的勞動和智慧，那麼財富遍地、溫美滿眼的勝景，必然只是一個不可想像又難以實現的童話寓言。

在傑克遜地區白人婦女領袖人物西麗太太看來，黑人是齷齪的，所攜帶的細菌，要數倍地多於白人，不為她們專闢衛生間，是一件危險的事情。她極力說服白人家庭，為黑人建獨立專用的衛生間。對於黑人幫傭，她有一種特別的仇恨心理，除強力勸其母辭退正直能幹的明尼外，還恐嚇同情黑人女傭的大學同學雯小姐，脅迫

李弗特太太誣陷艾碧蓮偷竊銀餐具。可是她吃著艾碧蓮煮的廉價的魔鬼蛋，一次性舀了兩個，吃得津津有味，輕鬆的說話間，也忘記了自己橄欖色的皮膚上長滿了雀斑與黑痣，另外還有一頭黑棕色的密髮。我們在審視其戴著有色鏡看待黑人幫傭的同時，不能忽視其曾為非洲饑苦兒童們捐資捐款，籌辦慈善活動的一面。

雯小姐在紀實文學《相助》中所描述的人物，是她身邊的艾碧蓮、明尼、西麗太太們的另一種表述。在她身上，我們看到了斯多克特的影子。斯多克特寫作長篇小說《相助》，一半是通過蘇珊‧塔克《南方婦女的口述回憶錄》，聽聞了優美文字中黑人女傭和白人雇主的真實講述；另一半是她想起了餵養和鼓勵她的黑人媽媽德米特里，曾經給予了她十多年的深情與母愛。她把德米特里寫進了故事，用通過女娃兒梅‧莫布麗評價艾碧蓮是一個「和善、聰明、重要的人」，來寫自己對黑人保姆情不自禁的感恩與思念。她將不能忘記的私人歷史，放置於難以拭去的公共歷史之中，通過身份懸殊、情思融通、攜手共進的艾碧蓮們的行為表現和心靈里程，反映出白人階層與黑人雇傭無法調和的種族矛盾，寫實種族隔離的政治高壓下的人情冷暖和人性缺陷，也寫出了很多人對種族偏見與衝突的超越及反抗。

人與人之間，種族與種族之間，國家與國家之間，由來已久的隔閡和分歧，是否能得到完好的消弭與和解，還是一個難以預測的事情，更需一個世人解構的過程。出生在密西西比的斯多克特集中筆墨，刻畫人物生活糾葛，但沒有停留在純粹描寫的層面，而是結合《黑奴解放宣言》簽署一個世紀後的現實環境，寫出種族暴力和民權運動的大熔爐中，根深蒂固的種族思想激化矛盾的事實。

書中圖書館前的靜坐示威、有色人種協會成員被暗殺等不時發生的
事例,就是真實歷史的可怕與無可奈何。

　　時至今日,美國的政界不斷出現黑人要人,前任國務卿鮑威爾、
賴斯,現任總統歐巴馬,都是非裔後代、黑人驕傲。黑人逐漸開始
揚眉吐氣了。但聞近期訊息,在華人居住地,常為黑人暴力滋擾與
侵害。似乎黑人衝破了白人的種族主義枷鎖,慢慢有了向黃色人種
轉移歧視與冷眼的變態心理。真若如此,那就是不應該出現的人性
缺失和靈魂扭曲了,就徹底遠離了凱薩琳‧斯多克特在《相助》中
關愛弱勢群體、淨化種族觀念、實現精神救贖的世界真理。那通俗
耐讀、流利精彩的文字中,所傾注的情感,不僅僅是她對種族壓迫
中痛苦、仇恨和恐懼,所賦予的一種真誠的、溫柔的慰藉力量,更
多的是使無數的人在真愛、信仰和勇氣中,尋找著許多歡欣迷人、
振奮人心的清醒和期待。

　　　　　　　　　　　　　　　(原載《出版廣角》2011 年第 1 期)

母性的殘酷

　　社會高速發展，人們追求新高的幸福指數，對孩子的教育，也相應地產生了新的標準、期待和憧憬：送至培訓學校、特長班，聘請家教。有知識的待業者闢出生財有道的路徑，勤勞大學生找到賺取生活費的良機，不少教育工作者亦欣然謀劃第二職業。孩子們並不領情，除想方設法翹課、挖空心思抵觸外，漫不經心地完成任務。他們在校忙碌地學習著五天課程，再加上這些教室外的輔導和作業，負未減成，反而愈發辛苦、疲憊和勞累。很多家長不以為然，選取各種各樣的辦法，激勵、誘惑甚至強迫孩子，去實現才藝學習、智力開發。

　　揠苗助長的心情，我們可以理解，但是這樣不顧孩子天性的心態，卻容易造成不必要的悲劇出現。無獨有偶，1999 年 11 月 22 日，日本文京區發生了「音羽殺人事件」。這是一個慘痛的歷史記憶。被害者若山春奈，不過兩歲。兇手山田光子有一定的地位和身份，然因長女和被害者報考某名門幼稚園，女兒未考上，被害者被錄取。無名的嫉恨，在其內心裏引發了殺機。她將春奈騙至公廁，用圍巾勒死，帶回鄉下掩埋。她忘記了被害者和長子是同學，又與對方母親結識。慘案使全國譁然。角田光代以此衍生發展，寫成了極具衝擊力的長篇母子小說《沉睡在森林裏的魚》（陳嫻若譯，湖南文藝出版社 2011 年 1 月版）。

　　光代筆下的年輕母親們，如千花、瞳、容子、繭子，同樣是善良的母親。她們因孩子選讀幼稚園而結識，因孩子的成長問題而無話不說，結成了經常碰面、不時聯繫的媽媽友。她們談論明星班、才藝班、英語班，私立幼稚園、大學附幼，考試、免試……即便一同接受自由撰稿人由里的採訪，話題也是圍繞幼稚園的考試，升學率高低，以及活動空間大小、教育方針、園長人品等。

　　她們期望美好的生活，羨慕能像佳織一樣生活在一塵不染、清潔光亮的家裏，使用高檔的沙發、餐桌、櫥櫃和拖鞋。她們更希望自己的小孩雄太、一俊、光太郎、茜茜們，能通過高品質的學習，在將來不再延續上一代的底層生存。

　　為了能讓孩子們接受更好的教育，她們省吃儉用，選擇很有實力的幼稚園、小學。她們商量著育兒的計劃，卻很少在親子關係中顧及孩子年幼而好動、好玩的天性。似乎母親的想法便是孩子的人生藍圖，不用理會各自都是獨立的個體，隨著年齡的增長，會出現不相同的人生道路。當她們見到佳織的女兒能像大人一般說話，就有意識地接近佳織，詢問她如何送孩子去讀私立小學的感受和途徑。

　　在她們眼裏，佳織是一個高貴而有品位的夫人。與其交往時，千花、繭子們不失卑微、惶恐和謹慎，生怕被她瞧不起。佳織雖不主張孩子入學僅僅接受考試，但對孩子的學習監督，不曾懈怠。她有知識，有思想，有情愛追求，是其他女人們的偶像，但陷於與前上司的私情，不能自拔，當感到被人發現時，一種不祥的感覺使之驚惶失措。她害怕作為大介情人的角色被人發現，當看到大介與妻子在一起時，又有強烈的妒忌、憤懣和無奈。

　　繭子、容子們同丈夫生活得不很富裕，有著育兒、工作、家庭、住房及同其他親戚往來等方面的困惑，卻沒有上層社會情愛遊戲背後的苦悶與煩惱。她們來到城市，來到陌生的環境，狹小圈子裏的友誼和自我肯定，在感傷之餘，有了暫時的慰藉和溫柔。

　　小說中沒有赤裸裸的性事、血腥描述，就連夫妻之間的親熱、情人之間的幽會，也是點到為止，一筆帶過。所反映的主題，所結構的故事，在細膩的描寫中，使人很難感受到輕鬆、歡愉和欣悅。我們可以將故事視為五個女人演繹、連繫的一台多幕劇，依次呈現在 1996 年 8 月、1996 年 10 月、1997 年 5 月、1998 年 6 月、1998 年 9 月、1999 年 2 月和 2000 年 2 月等七個時間段內，細緻入微地反映了她們對孩子激烈的愛、期待和決策。女性特有的言語、心理和情愛，使這些多了許多凝重和沉悶。

　　繭子、千花們只要談及孩子，就是詢問怎樣教養最好，或是哀歎現行教育體制的種種壓力。佳織過著優裕的生活，老公整天在外奔波，讓其難以得到完美的情愛和性愛，她依戀大介，也通過大介，使女兒進入私立小學。

　　這一切，都在平靜的生活語境中進行著，讓她們有時迷失了作為母親和妻子的責任，甚至會像山田光子一樣喪失作為正常母親的尊嚴和權利。角田光代把她們比作「沉睡在森林裏的魚」，不失形象和契合。魚應該生存在池塘、河流和海洋，一旦進入另類環境，再多的掙扎和努力，也難免痛苦與蒼涼，無助和落寞。

　　《沉睡在森林裏的魚》以真實刑事案件、畸形母愛悲劇為動機，在一個群體市民生活中，敘述了目前部分家長重視學歷，迫使可憐的孩子們無奈地進入幼稚園、小學接收一連串的考試與競爭。作為中產階級家庭主婦的年輕媽媽千花、繭子們，每天聚集在一起，商

量、比較和爭取兒女們在升學上的是是非非、點點滴滴。看似她們無話不說，而暗地裏地互較長短、勾心鬥角，甚至萌生殺意，這樣的母愛，嚴重缺失理性的尊重，也慢慢形成一種壓力惡性循環，衍生出種種社會問題。角田光代雖然沒有勾畫血腥、暴力爭鬥的前台背後，卻用精彩的文字，吸引讀者直觀五位主婦從和你我一樣的「正常人」，受大環境氣氛動搖，一步步走向病態的過程和內心戲。這是本書最成功、最殘忍也最讓人拍案叫絕之處。

對孩子的愛，需要一種理解，一種尊重，一種打破陳規陋習的交流，只有在這樣平等而開放的狀態，才有可能也應該能使有了不良傾向、消極心理的他們，回歸積極和正常，進入一個寬鬆而和諧的成長環境。縱觀當下中國青少年心理教育、成長環境，雖很難聽到類似音羽殺人事件發生，但也有如千花、繭子一樣的年輕媽媽，想方設法地為孩子的教育尋找條件優質、師資精良卻價格不菲的學校。她們把希望寄託在學校，卻疏忽了家庭的教育氛圍，造成了孩子們年紀輕輕便孤僻、自閉、驕縱、無禮及早熟等不良狀態。

近年來，多位教育專家對中國孩子素質方面的弱勢，有了理性的思考和認識，揭示了中國教育的種種隱患。他們以不同的兒童觀、教育觀和未來觀，發表自己的憂思和主張，期待促成青少年自強體驗運動蓬勃發展起來。中國和日本一樣，都是人口密度大的國家，就業機會越來越緊張，潛在引發了父母長輩對孩子的強化教育、智力投入的瘋狂競爭。久而久之，部分孩子不堪重負，睡眠不足，營養不足，缺乏感恩之心，害怕在體難中成長，萎靡，厭學，抑鬱，焦慮，孤僻，早戀……甚至把利器擲了親人和學友。對於這些，我們不能忽視，更不能短視，也該結合千花、繭子們的可愛和無奈，

對照自己對孩子的要求與管制，是否存在相同的缺失，存在已愈發嚴重的迷航及危機。

　　角田光代橫跨純文學和大眾文學，有《第八日的蟬》、《空中庭園》等多部暢銷書廣泛流傳，曾獲直木獎、川端康成文學獎、中央公論文藝獎等，是當代日本文壇具有代表性的女作家。《沉睡在森林裏的魚》經由台灣學者陳嫻若移譯，輸入中國內地，在文字上直譯日本常用、台灣流行的稱謂，如「國中」「國立」等，但作者敘述的母子情愛、憂慮的社會現狀，都得到了真實而細微的展示，對於我們瞭解日本市民生活、兒童教育、基礎教育等，有了一個最新的認識。我們印象中的日本，非常注重個體的養成教育，但當我通讀完《沉睡在森林裏的魚》，卻有了沉痛的感覺——我哀傷那被嚴酷現實逼入崩潰狀態中母性所生發的殺機與怨恨。悲劇發生在日本，但我們不能竊喜，這種殘酷可能隨時在我們身邊發生。我們不能否認和質疑母性的偉大，但該更為清醒和警惕，而不能擇取扼殺天性的智力教育，在孩子們稚嫩的心靈上，在他們的客觀成長中，製造許多主觀強迫的陰影。我們的時代、社會，我們的青少年兒童，需要具有真正健康快樂的、影響身心成長的教育引導。那樣，才可能促使他們堅強勇敢、素質提升、關注社會、幫扶弱勢群體，而不損害、不侮辱他們淳樸向上的心靈。

（原載《文藝報》2011 年 4 月 29 日）

繁榮書業的背後

在每一個時代，總會出現幾本引起轟動、廣為流傳的暢銷書，但在成為超級神話的同時，又難以改變流行命運的短暫。即便瘋狂扼殺、禁閉文化的「文革」時期，在紅寶書之外出現了不完全算書的手抄本，寫偵破和反特故事神秘弔詭，受到了渴望知識的知青和其他民眾的熱心傳抄。許多讀者不懼因此而招致批鬥遊行，甚至被強權法制勢力判處流氓罪，勞改關押。後來，文化界掀起了一股發掘、出版手抄本的熱潮，好景不長，就連有「東方 007」之譽、創作了 20 餘部手抄本的張寶瑞，也沒成為後來易中天、于丹那樣的學術明星。易、于在大眾正評反批的熱烈氣氛中一舉成大名，成為了超級暢銷書的作者，為中國傳統文化普及盡了最大的氣力，作了意義深遠、價值斐然的貢獻，然時至今日，也冷淡下來了。

今天的人們在茶餘飯後，聊的不再是易中天、于丹和百家講壇，不再是手抄本、紅寶書和傷痕文學，但也許是韓寒、郭敬明的新書大比拼，或《明朝那些事》、《杜拉拉升職記》與《哈利波特》，或其他新出的、有些暢銷氣象的書，甚至是史蒂夫・赫利的《我如何成為一名暢銷書作家》（王秀莉譯，北京理工大學出版社 2010 年 11 月版）。

我們的時代需要暢銷書及其作家的存在，這些可以反映大眾對社會文化的渴求、對現實生活的體驗，及見證廣大讀者對某一作家、作品的審美需求和情感共鳴。然而，由於商務邏輯的過多參

與，導致了部分內容淺薄、炒作過分的圖書的所謂暢銷，為人文領域製造了一系列名不符實的垃圾文化和大牌作家。《我如何成為一名暢銷書作家》中的「我」──皮特‧塔斯洛──原不過是一家小得很不起眼的文案公司的槍手，專為來美國讀書的他國學生寫入學申請。他平常喜歡看不同類型的書，12 歲時已讀完尼克‧波義耳的全部作品，還不時跑至圖書館翻閱封面上有劍、槍或戰船的文本。他可能是囫圇吞棗，或是對母親嚴禁他看電視的另類抗議，然而這些閱讀，卻使他知道了如何遣詞造句，混過了高中和大學。

虛擬的《龍捲風之灰俱樂部》，之所以能暢銷，得到市場和讀者歡迎，不能不說皮特確有一些能耐。但審視他出名的欲望，信從的法則，背後的炒作……可以發現映藏在書業中的美國文化的浮躁和虛實。

史蒂夫用詼諧有趣的文字，塑造了皮特可愛而可笑的模樣，展示其從不文的寫手發展到炙手可熱的暢銷書作家的嬗變歷程，使人認識和瞭解到美國書業童話的泡沫和虛幻，磅礴和感性。

皮特記得和迷人的大學女友波莉‧波森第一次上床──她認為這比回宿舍便捷一些。臨近畢業，波莉在不告知甚至隱瞞皮特的情勢下，通過了法學院入學考試。他們分手了。皮特進入了成人社會，成為了職場上艱難跋涉的打工仔。沒過幾年，皮特收到波莉的群發郵件──她要結婚了。一種無可奈何的隱痛、感傷和困惑，襲擾著皮特。他想不應邀赴會，又不願在失敗情感面前認輸。他想像在婚禮上，自身的潦倒，招致了賓客們的嘲笑，曾深愛過的女友挽著新婚丈夫對他指指點點。他自知懶惰，卻不甘心被「這個假情假意的資本主義蕩婦」訕笑，決定成為和寫出《與鳥為善》的普里斯通一

樣聲名顯赫的小說家。他想到了婚禮上優雅女士們對自己的親昵和崇拜，而波莉赧顏地一次次從熱情的人們身邊溜開。

他將普里斯通視為永久的精神指引者，在趕出了小說大綱的同時，又確定了出名後收穫不斷豔遇、擁有私人助理，且有大量錢財、住海景大房的目標。大作家和他在大學裏的妻妾團吸引著皮特，給了他各種各樣的強烈的憧憬和期待；而波莉同她澳大利亞新郎的婚禮，卻一直推動著皮特的欲望和爭取。

一本以帶有文學味的白人賽拉斯‧奎爾特為主角的《龍捲風之灰俱樂部》，在皮特筆下出爐了，也使他形成了拒絕真相、不涉及自己生活、必須包括謀殺、在結尾設置莫名的傷感、針對目標人群等 16 個法則。寫作的過程有些漫長，但皮特帶著報復心理的投機，最終成功了——他的書由蒿雀出版社隆重推出，幾番努力，出版商的運作模式，知名媒體的炒作，吸引住了大量讀者。這個曾名不見經傳的落魄生，有了大名氣，開始了腐化墮落，有了在波莉婚禮上的顯耀的資本。

透視其近乎無賴的人生經歷、友朋交際，能發現他並無多少文化涵養。他的大作家名聲，卻證明了一個暢銷書投機分子的僥倖。從他成長的歷程、付出的代價、堅守的法則來看，當下社會部分作者、出版商的急功近利，某些媒體無原則的誤導，廣大讀者的盲從……淋漓盡致，其中包括了美國書業種種弊端和扭曲。

皮特一夜成名，有了豐厚的版稅、不少女性追求者，但赤裸裸的功利心理，使之一直徘徊在道德底線之外。他為了成名爆發，讓前女友後悔遺憾，卻終究不過是一個書業操盤手賺錢的工具。他的作品滿足了速食文化時代人們的淺閱讀與通俗感受，卻不會有大範圍、深層次的普及和影響，更不可能同張寶瑞、易中天、于

丹一類作家學者相提並論，但我們不能忽視暢銷書促成書業熱鬧的真相。

擅長為脫口秀節目、喜劇卡通片、喜劇電視等編劇、製片的史蒂夫，勇敢地將皮特怎樣衍變為一名暢銷書作家的前前後後，剖析在我們面前，似乎有意識將讀者說成傻瓜、把作家寫成騙子、使出版者變為黑心商人的現象展示出來，吸引許多人情不自禁地去讀他精心安排和設計的皮特式的投機、欺騙和虛假。

我們不容否認，文化與商業的強強聯手，可以形成深具影響力的出版精品、文化產業，這是時代的好事和幸運，這樣有利於文化的發展、文明的傳播與社會的進步。在美國，也出現了很多優秀與偉大的作家和圖書，史蒂夫《我如何成為一名暢銷書作家》，就是其中的代表。我們不能因為某些學術明星、暢銷作家的出現，而擔憂商業進入後使文化變性，惶恐茫然，不知所措，甚至口誅筆伐。對於文化傳承與傳播的理解，不論是傳統現代，都可以做到雅俗共賞，「蘿蔔青菜，各有所愛」，這是見仁見智的事情。只要作者認真用心、仔細用力，不心生異念，勢必會創造出為人欽敬、經世致用且具有公信力的效果。他們依憑行銷宣傳的優勢，製造了大受歡迎的影響與氛圍，讓人驚歎不已，受益者、肯定者自然不少，已不能簡單地用文化現象之類字眼概括了，最起碼他們創造了一種文化精神。

但是，某些人的行為，卻印證了人們常言道的附庸風雅，貌似長袖善舞、左右逢源，而在實際的題材選擇、主題安排與內容設計上，仍進退失據、左右為難。他們不諳文理，裝作文化人，依憑商業手段，利用大眾的消遣心理、功利欲望，製造了一個個文化噱頭，以及曇花一現的社會現象，也為讀者購買時、閱讀前始料不及。史

蒂夫虛構皮特寫作的、蒿雀出版社出版的暢銷書，就是一個不無現實意義與針砭趣味的案例。只有當我們走進書店，冷靜下來，仔細看上幾頁文字，流覽全書框架結構，然後反思腰封上的某某大報名家的重點推薦，抑或海外報章雜誌的上榜排名狀況，或許會清醒意識到購買之所值。王秀莉翻譯的《我如何成為一名暢銷書作家》，也不能免俗，腰封上標有麥家、崔曼莉的推薦，封底上節選了《紐約郵報》、《華盛頓郵報》與亞馬遜讀者的評論，但，當我初讀第一個章節，便被幽默耐讀又不乏人情味、真實感的文字、場景徹底吸引、震撼了。我有了濃厚的激進的思想，試圖循著被人贊為「美國的賽凡提斯」的史蒂夫·赫利的真誠、良知和覺醒，去看清繁榮書業背後隱藏的歡欣和感傷，瘋雅與蒼涼，當然，也會在將來購書時多作一些理性的思考與準備。

（原載《文匯讀書週報》2011 年 2 月 11 日）

執意於底層的艱難行走

大凡堅持行萬里路、樂意寫幾卷書、喜歡想一些事的人，往往都是真正的勇敢者。自稱是「有殘疾證的國家正式殘疾人」的野賓（李國定），就是其中寥寥可數的一位。他用心寫出來的長篇流浪遊記《飛得比大地更低》（花城出版社 2009 年 1 月版），確是一個很好的證明。

也許是對文學有著近乎癡狂的熾情，野賓與雙腿掌朝後、足跟在前、腳掌反向的陳泳潮，約定上路，相伴遠行，不說在流浪者史上創造驚天動地的事蹟，也用有思想的知識塑造了神聖與凝重的精彩。野賓沒有顧忌自己左腿幼時肌肉被燙傷壞死，術後勉強可以行走，至今隱隱作痛，徒步行走千里萬里，可想而知，是忍受了何等的苦痛。但是，他用自己的行動、文字和思想，也用自己的毅力、膽力與豪情，證明了常人無法相像與體驗的平凡及非凡。

有志氣的文字工作者、社會思想者，是不會甘心危坐書齋裏面的。他需要真實的、鮮活的、全面的素材，而這些即便在書本、影視、網路上可以找到一些，但畢竟是第二手、第三手的東西。野賓希望有獨特的感覺與思考，哪怕自身行動遲緩、諸多不便，依然選擇了一條屬於自己的路——他相信自己，也知道路在遠方，也在腳下。

1990 年 1 月 14 日，寒風冷雨，野賓和與他有著同樣狂熱理念的陳泳潮，從郴州安和鄉出發，開始了他們歷時一年多的風雨兼程。

野賓的日記，從出發當天開始，一直寫到 1991 年 8 月 11 日在海口的瓊州海峽，其中既寫到尾隨陳泳潮千里不遇，也寫到 1991 年 4 月 25 日在郴州與陳泳潮重逢，還寫到第二次結伴的海南同行。

大家都知道，文學永恆的兩大主題，無外乎身體的流浪與心靈的漂泊，古今中外，無數傑出的人物，都踐行過此道。帶著理想，四處流浪，給了他們體察到最好材料的機會；懷握憂樂，漂泊千里，為之創造了潛心沉思的時空。杜少陵之所以能有「詩聖」妙譽，是因為他有「行萬里路，破萬卷書」的決心。美國青年傑克·凱魯亞克選擇流浪，寫出紀實小說《在路上》，喚醒了野賓渴望遠行、渴盼思想的心靈與念想。翻開《飛得比大地更低》的目錄，「風雨瀟湘無限路」、「八桂山川系夢深」、「彩雲之南原上行」、「隨風直到夜郎西」、「兩江結轡下瞿塘」和「快意雄風海上來」，六章標題醒目清新，油然引發人之閱讀欲望。身形卑微，性靈高尚，野賓憑著熱忱與不屈，在自己流浪快樂之旅，執著地前進，不倦地思索，不停地寫作，寫下了近百萬字的日記、採訪筆錄與社會調查，並在一路上收集到各地各時期的幾十本好書。

一路走過全國十幾個省、市、區，堅持不懈地思考，並借助日記的方式形諸文字，野賓沒有談文人們愛寫的風花雪月，記下的都是親身感覺、親眼觀察的事實。雖然行動與內容發生在 20 世紀 90 年代初期，今日讀來，仍能發現許多熟悉的影子。尤其是他沿途的感悟，至今不減厚重的現實意義，對於時下的農村建設、城鄉改革，有著一定的啟示價值。他的行為發生在中國全面推進改革開放的前夕，能如此思維開闊與解放，足見他是一個很有思想的人。

寄宿在嘉禾一家小旅店，野賓看著開國上將蕭克的《浴血羅霄》，想起了首屆茅盾文學獎獲得者古華、寫作《左撇子球王》名

噪一時的肖建國，感悟嘉禾是一個出將軍和文學大家的地方。當時
的他，萬萬沒有想到，也就是在嘉禾這個地方，又先後出了中國高
考史、拆遷史上有名的「嘉禾醜聞」，更沒預料到，兩次的嘉禾事
件，迄今警醒著每一個高考人、讀書人與當政者。在當時，野賓喜
歡走文學之路，先當官然後寫書出版較為容易。是啊，今天的中國
官員出書已成風景，究竟有多少書能走市場受大眾歡迎、像《浴血
羅霄》一般可讀，倘需我們的官員作家們捫心問問，可別讓一位殘
疾人在近 20 年前的感悟，成了難以釋懷的讖語。

　　途徑珠街鎮，野賓發現當地經濟貧困，教育水準極為不高，重
男輕女的思想嚴重，法制意識甚是薄弱，不說百餘婦女外流外，15
歲的小女孩被親生父母賣給人販子，弟弟將姐姐賣掉而被姐夫殺
了，群眾對私自殺害拐子大快人心不起公訴。面對此景，他除了對
有抱負、有理想的人，說些鼓勵的話，別無他法。其實在他內心的
痛，不是悠閒的，只有運用紀實的文字真誠記錄，渴望有能力的當
政者予以教育、法治、經濟、民生等諸多方面的指導和幫助。

　　在王若飛的故鄉，野賓觀察到當地文廟的柱礎為石雕的獅子，
一雌一雄，或蹬繡球，或哺幼子，為其他地方少見，證明他的社會
遊歷，不僅僅是在民生人文方面，而且涉及地方形勝風物。有意思
的是，在這裏，他讀到了當地基層法庭庭長控告縣委書記、區委書
記的信，並且走訪了相關的上級部門，此舉不難發現野賓不是單純
地停留在空想層面的思想者，而是有血有肉的社會生活觀察者。雖
然他身有殘疾，堅定的信念與行為，使他常常做到了正常人汗顏與
欽敬的事情。

　　他在五指山中，找到了珍貴的綠楠。又名金絲楠木的綠楠，高
大通直，紋理細密，質地堅硬，散發出特有的香味，所以不受蟲蛀，

千年不朽。毛主席逝世後，林業工人滿懷對主席的無比熱愛深入原始山林，歷盡千辛萬苦，終於把綠楠伐運出山，供毛主席紀念堂做了雕花大門和牆裙。野賓對美好的事物、人群，總是盡情頌揚，不吝筆墨，精心勾畫，寫其中的真，唱其中的善，因為在他的骨子裏，對美永遠都是一種嚮往。

野賓遊歷四方，親歷社會，雖不時遭遇白眼和冷淡，但也得到了不少好心人、善意人的幫助，對於這些，他都細緻寫在文字之中，感念在內心深處。他不是理論深厚的哲學家，也不是學養豐贍的文學家，但他執意體驗底層生存、寫作真實文字、表現熾烈情感，用所積累的生活經驗和社會知識，征服和震撼每一顆閱讀的心靈。他堅強的文字和健康的思想，是不亞於專業作家與職業哲人的。雖然文字較為鈍拙、樸實，不為雋永流利，但依然情趣盎然，耐人細讀和回味。

也許他身上有時尚和精神貴族的活躍因數，但他的行為，遠美於那些弄些爆炸髮型的披頭士、裸體逼婚以醜出名的大藝術家們，可以說他是 20 世紀末一位值得關注、值得尊敬的流浪主義實踐者。

觀察社會，就是要觀察物質的和精神的社會生活諸方面。野賓在《飛得比大地更低》中，盡可能地寫出了觀感的真實，百分之百地保留原始印象，不為尊者、地方諱，在 18 年後的今天仍以尊重事實與歷史的面貌，推出此書。不難發現其作為勇者和思想者的膽量與情意，更可說明他在 18 年前的觀察是深層次地進行著，懷天下憂樂之心艱難地行走，走過困頓與荒蕪，走向崇高與冷靜，讓堅定的心和愛自由飛翔，飛旋成一串人間正道之曲，為現在和將來研究那一時段、那一路線上的社會發展與變遷，提供了真實的見證。

　　馬克思在《馬志尼與拿破崙》中說過：「現代歷史著述方面的一切真正的進步，都是當歷史學家從政治形式的外表深入到社會生活的深處時才取得的。」流浪詩人野賓不是歷史學家，卻用《飛得比大地更低》中的文字與思想，描述了中國社會一段真實的、有價值的但不曾有過文獻記載的歷史。

　　　　　　　　　　　　（原載《中國教育報》2009 年 2 月 26 日）

懷念的不僅僅是陳年往事

　　大凡文字客，對故鄉熱土、陳年往事，總會有一種特別的思念情結，或多或少，或淡或濃。雖然他們不時想著逃離故土，擺脫往事，但自始至終的掙扎和迷惘，使之無法釋懷，難以揮去。古代詩人墨客，謫居外地多年，無不念想故園那一輪明月；現代作家文豪，針砭時弊之餘，也會時常追憶童年的玩伴、學堂和茴香豆。

　　故土的氣息、香味不能淡化銷蝕，不僅在前輩們的文字中，多有記述，即便到了經常目睹燈紅酒綠、身歷高樓佳苑的現代化社會，盧年初的思維中，依然是那些不曾遠去的記憶。他懷想故鄉的風土人文，夢回學堂的聲歌人影，漫談江湖的官員情態，總深處淺出、恰到好處地帶著沾染小說韻味的散文筆調，抒寫許多強烈的憧憬的期待和憧憬，其中有歡欣、鍾情與戀愛之外的感傷和蒼涼，有大家熟悉的小資情感及激進思想。他平靜自然地寫著，輕鬆自由地思考著，終於用一組涵容《舊事》、《水墨》、《帷幄》（中國青年出版社 2010 年 7 月版）的「思想者三部曲」，如實而親切地反映出社會的真實同歷史的遺憾。

　　如今的盧年初，暫時遺棄了農民的原始身份，早已端坐在機關裏的明堂高案旁，不再如生父一般去湖區捕魚，也不用像繼父一樣開家土菜館。但，不論他怎樣想方設法，逃離老家的池塘、泥田、竹籬笆和貧窮、艱辛，都無法割裂深紮在故鄉泥土和河流中的根。他只能「帶著村莊上路」，回想城鄉的差距、年少的夢想和裝滿行

囊、無法抖落的靈感、詩性及宿命。雖然忘不了伴隨其成長、成熟的草木蟲魚，忘不了外出讀書時母親醃製的鹹魚、壇壇菜、鮓辣椒，忘不了不在乎其貧寒家境而給他一生愛情的秀雅女子……而數不清、說不盡的悲歡離合、生死婚娶，使他還是不斷感激村莊和鄉土饋贈的許許多多的恩惠。這些，不需要他絲毫的回報，不要求他過分地在意，然而，卻被他默念成了揮之不去的《舊事》。

　　早年的淡淡足跡，是他年輕心靈的一個真實記錄。他在樸實的文字中注滿樸素的哲學，點染故鄉成一軸淋漓盡致的山水畫──出集體工年代的植樹情景，走在木板橋上懾人心神的悸動，夏天禾場上的稻穀清香、追逐打鬧、扯白閒話、談情說笑，鐵娘子突擊隊的颯爽風姿與母性柔情，湖區的牛、貓、魚和那條朝夕相處的黑狗，還有村子裏淳樸善良的老村長、駐隊幹部、赤腳醫生、父親、母親、伯父、外婆、乾爹、彈匠，以及只有在村莊上生活過才能體會到的鄉里年味、觀音瓷器、學堂課桌、柴火稻草、陳舊匾牌、院子菜園，等等，都成了他寄寓濃濃鄉思、烈烈鄉情的最好載體。他把村莊看作是村長的村莊，是村長精心營造的巢穴，村長的權威、嚴厲、吆喝、晃蕩、善良和堅忍，用許多土法子為鄉親治病，給他講授不少橘樹嫁接的知識，使他內心深處萌生了一些崇敬和尊重。然而，村長一次顧大局損小家傷及村民一時利益，不為大夥諒解，黯然辭職，多年以後作者回到村莊，只聽到老人一句「我的村莊沒有了」，不由滋生無奈的同情和遐想。

　　那一片土地依然還在，但熟悉的村莊和人們，經歷了多次繁衍變遷，已經荒蕪了、消逝了。曾是漁民的父親很早去世了，留給他的記憶和思念，卻很多很多。父親常年駕船在湖裏飄蕩，能辨識水流的喘急和緩，知道哪片水域生活著什麼樣的魚群，這些沒有被他

寫成英雄智者的佳話傳說，但一份獨有的敬重和念想，無時無刻不鑲嵌在文字和思維中。父親是湖區人的一個縮影，也是鄉情的寄託與皈依，哪怕是一艘破船、一次對話、一次批評，都讓他在走出村莊後，還感受著心靈上的溫暖和失落。

盧年初通過自己的努力，暫時間地告別了逐漸陌生的故土。他有了進省城大學學習的機遇，有了教育工作者的身份，還成為了某一區域某一方面的領導者。作為基層教育主政幹部，又是地方作協領軍人物，他自然需與形形色色的權力人物交涉來往，也為他熟知不同的權力機構、辦事場所、大小職務與政界特徵，提供了一系列機會。我們從《帷幄》中，所欣賞的江湖人物，所聽到的曲水流觴，便是其冷靜審視、細緻洞察的點滴同沉澱。他看到的政治舞台，雖只是基層官場的表現，但從其涉入的各個角落、各色人物與各種特性、言行，以及細緻入微、肯綮入裏的刻畫分析，足以稱之一張原生態的官場世相圖。

他謹慎地描摹帷幄中的佈景、臉譜和唱腔，使之在工作重壓、政治歷練及社會交際的特定範圍內，找準自己的定位與價值。不論是會議室、辦公室、機關大院、速食店和傳達室，還是各類幹部、官家屬、半路幹部和與官或鄰、或親、或友的人們，均被其描形繪神，賦予了具體的感觸、生動的筆墨，讓它們或他們自發地凸顯出與眾不同的特色和韻味，情趣盎然，理性兼具。

我尤為喜歡其寫官場人物權力話語部分，擺平、彈性、活動、背景、應酬，如此、素質、表態等，有二十一種之多。這些官場術語，都是大家熟悉的，甚至偶爾在交談、往來與文字中也用到。盧年初對這些特殊事物的分析，給予很多切近實際、合乎情理的描述和認識。如談稱呼，改「一把手」為「老闆」表尊重，省「長」呼

「小」示親切，稱「楊委」喊「牛編」帶調侃，道「老」添「副」透火辣。不同的稱呼，不同的效果，有時可將逢迎體現得恰到好處，有時能把不滿輕蔑推向極致。

盧年初清醒為官，平靜作文，濃墨重彩畫出的一幅中國內地城鎮基礎教育《水墨》畫，更是將自身的教育生活經歷，與當代教師性格面面觀、學校裏的諸多行政身份、師生角色，及需不斷適應時代的學校和各種活動、個性，結合起來，建構在書法或書寫的筆劃術語——點橫撇捺豎之間。

現在社會上流行對教育體制、模式、觀念與思想，進行貌似鞭辟入裏、一針見血的批評，但有多少評論者掌握和理解了與實情相符的事實依據呢？有待從業者、熱衷者們細細掂量和體悟。有多年教育體驗經歷的盧年初，如實地陳述、評價和描繪基層學校的建制機構、行政人員、教學人員和人際關係等。他將各色教育角色細化，逐一解說，不論是領導、教員，還是男生、女生、尖子生、後進生，以至實習教師，都一一予以了較為豐滿的述說。他還結合名校、村小的教育現狀、開課情況等，進行了深入的評議。雖時帶揶揄手法，但在內容上絕對是豐富精彩的，沒有狹隘的遮掩和忌諱。

他在記述自己學生年代觀感的基礎上，有力地評判教師性格上囉嗦、斯文、獨立、拘執、好勝和偏愛的缺失。雖然沒有多少教師能主動承認，但作者除了列舉教師性格缺陷實例外，還做了充分有趣的解析。他敘說這些，並沒有採用抨擊、批判的語氣同方式，而是包容了一種虔誠而誠實的建議和忠告。其由下級跟上級報告時不能囉嗦的事例，進而論及另一種囉嗦：「這裏有種不平等，進而導致不公平，教師又何嘗不是如此呢？這種囉嗦何嘗不是一種顯權呢？對話缺乏平等，不可能產生深刻的共鳴。」斯思斯言，不但竭

力表現了一般教員實際工作中的迷離狀態，而且認真反映了他們突破照本宣科、創新教書育人的真實形象，寫他們艱難辛苦、酸甜苦辣，寫他們平凡而不平淡、憂鬱而又充實，還傾談出內心顧慮，可化作一帖清醒劑，驚醒和提醒我們辛勞教育、殷切期望的老師們，需如何重新確立教師位置，將教師主導、學生主體的創新教育，落到實處。

盧年初寫在《舊事：城鄉‧草木人間》、《帷幄：江湖‧曲水流觴》和《水墨：學堂‧橫撇豎捺》中的文字和思想，雖記述的只是一些陳年往事，但使人內心激動，不難感受到一位散文家與思想者的真誠、淡泊和憂思。他一邊回味豐富多彩的鄉土生活，一邊解讀官場現實的風情隱惡，還以一系列平靜的思考，為教育振奮增添了一份強勁的支持。他雖想別離，但最終還在堅守，只是沒有停留在單純的解說和描繪上，而是以一位有責任心、有使命感且有擔當精神的知識分子的身份，履行和完善著思想者另類的自信表現。

他對生活和真情倍加珍惜，把質樸的文字寫給鄉村故土、身邊人事，將對世間的觀感化盡生命悟知、情感體驗，為現代生存環境思考著幾分簡潔和真實。他知道生活是美好的，愛情是真誠的，人生溢彩流光卻有著不容摻假的性質與涵蘊。在他簡約清淨的筆觸、樸素自然的詞句之中，自然地流蕩出一股陽剛大氣、赤子赤情，匯流成一種清新明快的風韻與絢麗多姿的格調，讓我對生活、對人生、對教育、對社會和對國家，都有一個較高層次的認識與理解，同時，也給了我一種陳年往事背後的慰藉和溫柔，以及一回真切而激烈的期待同清醒。

（原載《作家天地》2010 年第 6 期）

敬之書話——生活的弔詭

釀文學125　PG0867

 敬之書話
　　　——生活的弔詭

作　　　者	向敬之
責任編輯	林世玲
圖文排版	楊家齊
封面設計	陳佩蓉

出版策劃	釀出版
製作發行	秀威資訊科技股份有限公司
	114 台北市內湖區瑞光路76巷65號1樓
	電話：+886-2-2796-3638　傳真：+886-2-2796-1377
	服務信箱：service@showwe.com.tw
	http://www.showwe.com.tw
郵政劃撥	19563868　戶名：秀威資訊科技股份有限公司
展售門市	國家書店【松江門市】
	104 台北市中山區松江路209號1樓
	電話：+886-2-2518-0207　傳真：+886-2-2518-0778
網路訂購	秀威網路書店：http://www.bodbooks.com.tw
	國家網路書店：http://www.govbooks.com.tw
法律顧問	毛國樑　律師
總 經 銷	聯合發行股份有限公司
	231新北市新店區寶橋路235巷6弄6號4F
	電話：+886-2-2917-8022　傳真：+886-2-2915-6275

出版日期	2012年12月　BOD一版
定　　價	280元

國家圖書館出版品預行編目

敬之書話：生活的弔詭 / 向敬之著. -- 一版. -- 臺北市：
釀出版, 2012.12
　　面；　公分. --（釀文學125；PG0867）
BOD版
ISBN　978-986-5976-87-3（平裝）

1. 書評

011.69　　　　　　　　　　　　　　　　101021761

讀者回函卡

感謝您購買本書，為提升服務品質，請填妥以下資料，將讀者回函卡直接寄回或傳真本公司，收到您的寶貴意見後，我們會收藏記錄及檢討，謝謝！
如您需要了解本公司最新出版書目、購書優惠或企劃活動，歡迎您上網查詢或下載相關資料：http:// www.showwe.com.tw

您購買的書名：＿＿＿＿＿＿＿＿＿＿＿＿＿＿＿＿＿＿＿＿＿＿＿

出生日期：＿＿＿＿年＿＿＿＿月＿＿＿＿日

學歷：□高中 (含) 以下　　□大專　　□研究所 (含) 以上

職業：□製造業　□金融業　□資訊業　□軍警　□傳播業　□自由業
　　　□服務業　□公務員　□教職　　□學生　□家管　　□其它＿＿＿

購書地點：□網路書店　□實體書店　□書展　□郵購　□贈閱　□其他

您從何得知本書的消息？

　□網路書店　□實體書店　□網路搜尋　□電子報　□書訊　□雜誌
　□傳播媒體　□親友推薦　□網站推薦　□部落格　□其他＿＿＿＿＿

您對本書的評價：（請填代號　1.非常滿意　2.滿意　3.尚可　4.再改進）

　封面設計＿＿＿　版面編排＿＿＿　內容＿＿＿　文／譯筆＿＿＿　價格＿＿＿

讀完書後您覺得：

　□很有收穫　□有收穫　□收穫不多　□沒收穫

對我們的建議：＿＿＿＿＿＿＿＿＿＿＿＿＿＿＿＿＿＿＿＿＿＿

＿＿＿＿＿＿＿＿＿＿＿＿＿＿＿＿＿＿＿＿＿＿＿＿＿＿＿＿＿＿

＿＿＿＿＿＿＿＿＿＿＿＿＿＿＿＿＿＿＿＿＿＿＿＿＿＿＿＿＿＿

＿＿＿＿＿＿＿＿＿＿＿＿＿＿＿＿＿＿＿＿＿＿＿＿＿＿＿＿＿＿

11466
台北市內湖區瑞光路 76 巷 65 號 1 樓

秀威資訊科技股份有限公司　　　收

BOD 數位出版事業部

....

（請沿線對折寄回，謝謝！）

姓　　名：_____　年齡：_____　性別：□女　□男

郵遞區號：□□□□□

地　　址：_____

聯絡電話：(日) _____　(夜) _____

E-mail：_____